Sur l'auteure

Laura Imai Messina vit au Japon depuis quinze ans et travaille entre Tôkyô et Kamakura, où elle vit avec son mari japonais et ses deux enfants. Docteure en littérature comparée, elle a écrit plusieurs livres sur la culture japonaise. *Ce que nous confions au vent* est son premier roman traduit en français.

LAURA IMAI MESSINA

CE QUE NOUS CONFIONS AU VENT

Traduit de l'italien
par Marianne Faurobert

10
18

ALBIN MICHEL

Ce livre est un ouvrage de fiction. Les noms, personnages et événements relatés sont le fruit de l'imagination de l'auteure ou sont utilisés à des fins de fiction. Toute ressemblance avec des faits avérés, des lieux existants ou des personnes réelles, vivantes ou décédées, serait purement fortuite.

Titre original :
Quel che affidiamo al vento

ISBN : 978-2-264-08249-7
Dépôt légal : janvier 2023

À Ryôsuke, à Sôsuke et à Emilio,
aux voix qui toujours vous accompagneront.

« C'est un passage d'une forme de vie à une autre. Un concert dont seul l'orchestre change. Reste la musique, toujours là. »

Mariangela Gualtieri

« Lève-toi, vent du nord, et viens ! Viens, vent du midi ! soufflez dans mon jardin, et que ses parfums s'en exhalent ! Que mon bien-aimé entre dans son jardin et qu'il mange ses fruits exquis. »

Cantique des cantiques 4, 16

« Alors, n'offre pas l'amour à la hâte. »

Kojiki

Cette histoire s'inspire d'un endroit réel, situé dans le nord-est du Japon, dans la préfecture d'Iwate.

Un jour, un homme a installé une cabine téléphonique dans le jardin de sa maison, au pied du Kujira-yama – le mont de la Baleine –, tout proche de la ville d'Ôtsuchi, l'une des régions les plus touchées par le tsunami du 11 mars 2011.

À l'intérieur, un vieux téléphone noir qui n'est pas branché emporte les voix dans le vent.

Des milliers de personnes s'y rendent en pèlerinage chaque année.

PROLOGUE

Une trombe d'eau gifla les plantes du vaste jardin escarpé de Bell Gardia.

D'instinct, la femme leva un coude pour se protéger le visage et se courba vers l'avant. Mais bien vite, elle reprit ses esprits et se redressa.

Arrivée avant l'aube, elle avait vu monter la lumière, mais le soleil était resté voilé. Elle avait déchargé les gros sacs de sa voiture : un rouleau de cinquante mètres d'une épaisse bâche en plastique, du gros ruban adhésif isolant, dix boîtes de piquets de fixation à planter dans le sol et un marteau à manche fin. Chez Conan, l'énorme supermarché de bricolage, elle avait tressailli quand le vendeur lui avait poliment demandé de lui montrer sa main pour en mesurer la taille.

Elle se hâta de rejoindre la cabine téléphonique ; elle lui paraissait si fragile, comme faite de sucre filé ou de meringue. Le vent virait déjà à la bourrasque, il n'y avait plus de temps à perdre.

Pendant deux bonnes heures, ils furent deux à travailler sans relâche sur la colline d'Ôtsuchi : elle – enveloppant de bâche la cabine, le banc, le panneau d'entrée et la petite arche qui annonçait le sentier – et le vent, qui pas un instant ne cessa de la tourmenter.

Par moments, sans y penser, elle serrait ses bras autour d'elle, comme elle le faisait depuis des années quand l'émotion la submergeait, mais très vite elle se redressait, défiant l'armée de nuages qui remplissait maintenant entièrement le ciel au-dessus d'elle.

Elle s'arrêta lorsqu'elle sentit sur sa langue le goût de la mer, comme si le monde, en basculant, avait propulsé l'air marin dans les hauteurs. Alors elle tomba, épuisée, sur le banc enrobé tel un cocon de ver à soie, les semelles lourdes de terre.

Si le monde s'effondrait, se dit-elle, elle s'effondrerait avec lui. Mais s'il restait une infime possibilité de le faire tenir debout, fût-ce en équilibre instable, elle consacrerait ses dernières étincelles d'énergie à l'y aider.

En bas, la ville dormait encore. Des lampes s'étaient allumées ici et là derrière les rares fenêtres dont les habitants n'avaient pas fermé les volets. À cause du typhon imminent, la plupart d'entre eux avaient renforcé les volets roulants avec des planches et entassé des sacs de sable contre les portes, pour éviter que le vent déchaîné ne les arrache.

Mais Yui semblait indifférente à la pluie, et à ce ciel descendu jusqu'à ses pieds. Elle contempla son œuvre : les voiles de plastique entortillés et fixés au ruban adhésif autour de la cabine, du banc de bois, de la file des lattes du sentier, de l'arche de l'entrée et du panneau qui annonçait : « Le Téléphone du Vent ». L'ensemble était déjà criblé de gouttes boueuses. Si malgré tout le typhon en arrachait des pans, elle serait là pour y remédier.

Pas un instant l'idée ne l'effleura que la chair est plus fragile que les objets, qui se réparent ou se remplacent, contrairement au corps, peut-être plus solide que l'âme

– quand elle se brise, c'est pour toujours – mais moins que le bois, le plomb ou le fer. À aucun moment elle ne se sentit en danger.

« Déjà septembre », murmura Yui en contemplant le ciel qui, à l'est, se teintait d'encre. Le « mois des longues nuits », l'appelait-on autrefois. Elle se souvint d'avoir pensé cela tous les mois. Déjà avril, s'était-elle dit, puis mai et ainsi de suite, suivant la litanie des jours qui s'étaient écoulés depuis le 11 mars 2011.

Chaque semaine, chaque mois avait été une épreuve, du temps remisé au grenier, pour un hypothétique usage futur.

Les longs cheveux de Yui étaient d'un noir de jais, mais leur pointe était blonde, comme si leur repousse s'était faite à rebours. Du jour du désastre où la mer avait englouti sa mère et sa fille, elle avait cessé de les teindre, commençant par les couper, quelques centimètres à la fois, avant de les laisser pousser tels quels, ourlés de cette auréole inversée. Le contraste entre le jaune d'autrefois et le noir originel disait la durée de son deuil, comme une sorte d'éphéméride.

Sa survie, elle la devait en partie à ce jardin, à sa cabine blanche avec sa porte en accordéon et au téléphone noir posé sur sa tablette, à côté d'un cahier. Les doigts composaient un numéro au hasard et, le combiné à l'oreille, on y laissait tomber sa voix. Parfois elle pleurait, mais il lui arrivait de rire, car la vie sait être drôle même quand survient une tragédie.

Le typhon était presque sur elle, à présent, elle l'entendait arriver.

Ces phénomènes étaient fréquents dans la région, surtout l'été. Ils chamboulaient le paysage, déglinguant les toits dont ils disséminaient partout les tuiles, et chaque fois M. Suzuki, le gardien de Bell Gardia, protégeait le jardin avec le même soin dévoué.

Mais cette fois, la tempête s'annonçait terrible et M. Suzuki n'était pas là. La nouvelle de sa maladie s'était rapidement répandue. La nature de son affection n'était pas connue, mais on savait qu'il avait été hospitalisé pour des examens.

S'il ne défendait pas cet endroit, qui le ferait ?

Yui voyait le typhon comme un enfant au regard mauvais s'apprêtant à renverser un seau d'eau sur le château de sable d'un camarade, moins averti et plus naïf ; il l'épiait à distance, embusqué derrière un rocher, prêt à frapper.

La position des nuages changeait continuellement, tout circulait à vive allure, là-haut, et la lumière filait vers l'occident. De minute en minute, la tempête descendait sur elle, s'abaissant comme une main sur le front de la colline.

Quand le rugissement du vent fondit sur le jardin, tout parut s'y coucher. « Ne me fais pas de mal », semblait-il gémir.

La chevelure de Yui se souleva, telle une méduse, enflant et retombant pour crever de toutes parts, puis gonflant à nouveau. En la regardant, on devinait la partition du vent, le sifflement sinistre qui préludait au saccage des plantes : l'*higan-bana* écarlate, la fleur du Nirvana ou fleur des morts ; l'hortensia redevenu buisson après sa floraison ; le *fûsen-kazura* à l'efflorescence blanche et aux fruits verts, que les enfants agitent en guise de clochettes.

Yui peinait désormais à tenir debout, mais elle voulut s'assurer une fois encore que tout était bien fixé. Arc-boutée contre ce mur d'air, elle avança, pliée en deux, à la force des bras, jusqu'à la dernière latte du sentier. Elle inspecta les crochets qui maintenaient la bâche sur la cabine.

L'une des lattes craqua, et elle se souvint que sa fille appelait « biscuits » les blocs de pierre qui recouvraient la rigole d'écoulement près de chez elles.

Elle sourit, heureuse d'avoir retrouvé cette image.

Pour les enfants, le bonheur est dans les choses concrètes. Un petit train dépassant d'un panier, l'emballage d'une part de gâteau ou une simple photographie les montrant au centre de l'attention, les yeux de toute la famille rivés sur eux.

À l'âge adulte, tout se complique. Le bonheur, ce sont le succès, la carrière, un homme ou une femme qu'on aime, toutes choses relatives, complexes. Qu'il existe ou non, le bonheur devient essentiellement un mot.

Et voilà où nous en sommes, pensa Yui, *alors que l'enfance nous disait qu'il suffit de tendre la main dans la bonne direction pour l'atteindre.*

Sous la bouillie grisâtre du ciel, une femme d'une trentaine d'années se tenait droite, envers et contre tout. Elle méditait sur la trivialité du bonheur, se perdant dans cette réflexion comme jadis dans les livres, ou dans les histoires des autres qui lui avaient toujours paru plus belles que la sienne. Elle se demandait même si ce n'était pas ce qui l'avait poussée à travailler à la radio. Écouter les histoires des autres, se perdre dans leurs récits la ravissait depuis toujours.

Pour Yui, depuis plusieurs années, le bonheur naissait de cet objet noir et lourd au cadran numéroté ; de la contemplation de ce jardin, sur cette lointaine colline du nord-est du Japon. Au fond du décolleté en V de la terre, elle pouvait voir la mer, elle en devinait l'odeur saturée de sel. Là, Yui rêvait de parler à sa fille morte à trois ans, et à sa mère qui l'avait serrée dans ses bras jusqu'à la fin.

Quand une chose symbolise le bonheur, tout ce qui la menace devient l'ennemi, y compris le vent impalpable et la pluie qui tombe du ciel.

Au prix de sa vie, de sa vie de rien du tout, Yui ne permettrait pas qu'il arrive malheur à cette *chose* et à l'endroit qui en transmettait la voix.

I

1

La première fois, elle en avait entendu parler à la radio.

Un auditeur avait appelé à la fin de l'émission pour expliquer ce qui le consolait depuis la disparition de sa femme.

Avant de se décider pour ce thème, ils en avaient longuement discuté à la rédaction. Tous savaient quel abîme Yui portait en elle. Mais elle avait insisté : quoi qu'aient à dire les auditeurs, elle était blindée. Justement parce qu'elle avait tant souffert, aucun drame ne pouvait plus l'atteindre.

« Après un grand deuil, où avez-vous puisé la force de vous lever chaque matin ? Comment vous consolez-vous quand vous êtes malheureux ? »

L'émission se révéla pourtant moins lugubre qu'on n'aurait pu le craindre.

Une femme d'Aomori raconta que lorsqu'elle était triste, il lui venait l'envie de cuisiner : elle préparait des tartes, sucrées ou salées, des macarons, des confitures et toutes sortes de petits plats, croquettes ou poisson grillé au sucre et à la sauce de soja, légumes bouillis à glisser dans le *bentô*. Elle avait même acheté un congélateur à cet effet qu'elle faisait dégivrer ponctuellement pour *Hina-matsuri*, la fête des fillettes qui tombait le 3 mars, jour où jadis elle célébrait sa fille. Elle savait qu'en voyant les poupées symbolisant la famille impériale exposées sur leur estrade dans le séjour, elle éprouverait le besoin impérieux de peler, de trancher et de blanchir. Cuisiner lui faisait du bien, dit-elle, cela l'aidait à reprendre contact avec le monde.

Une jeune employée d'Aichi téléphona pour dire qu'elle allait dans des cafés où l'on pouvait caresser des chiens, des chats et des furets, oui, surtout des furets. Il suffisait qu'ils frottent leurs petits museaux contre ses doigts pour qu'elle retrouve la joie d'être en vie. Un homme âgé avoua en chuchotant pour que sa femme ne l'entende pas de la chambre à coucher qu'il jouait au *pachinko*[1]. Un employé qui avait vécu sa rupture amoureuse comme un deuil s'était mis à boire des tasses de chocolat chaud et à grignoter des galettes de riz gluant.

Tous sourirent quand une ménagère de Tôkyô, une dame dans la cinquantaine qui avait perdu sa meilleure amie dans un accident, raconta qu'elle apprenait le français et que le seul fait de placer sa voix différemment pour reproduire ces *r* grasseyés et cette accentuation complexe lui donnait l'illusion d'être une autre. « Je ne saurai jamais parler cette langue, je suis trop nulle, mais si vous saviez comme ça me réjouit de dire *bonjourrr* ! »

L'émission touchait à son terme quand ils reçurent un appel d'Iwate, l'un des lieux du désastre de 2011. La productrice lança un coup d'œil éloquent au technicien du son, qui fixa l'animatrice un long moment

1. Machine à sous très populaire. *(Toutes les notes numérotées sont de la traductrice.)*

avant d'abaisser le regard sur sa console, où il le laissa rivé jusqu'à la fin.

L'auditeur était une victime du tsunami, comme Yui ; l'eau avait emporté sa maison, entraînant le corps de sa femme parmi les décombres : elle faisait partie des « portés disparus ». Il habitait désormais chez son fils, à l'intérieur des terres, où la mer n'est qu'une idée lointaine.

« Bref, poursuivit-il en tirant sur sa cigarette, il y a une cabine téléphonique au milieu d'un jardin, sur une colline isolée. L'appareil n'est pas branché, c'est le vent qui emporte les voix. Je dis : "Allô, Yoko, comment ça va ?" Et j'ai l'impression de redevenir celui d'avant, quand ma femme préparait le déjeuner ou le dîner dans la cuisine, en m'écoutant râler parce que le café me brûlait la langue.

« Hier, je lisais à mon petit-fils l'histoire de Peter Pan, le garçon volant qui perd son ombre qu'une jeune fille lui recoud sous les semelles. Voilà, je crois qu'on est comme lui, nous qui venons sur cette colline : nous cherchons à récupérer notre ombre. »

Toute l'équipe se taisait, comme si un énorme objet incongru s'était soudain matérialisé dans la pièce.

Même Yui, d'ordinaire si habile à mettre un terme aux interventions trop longues en quelques mots choisis, ne broncha pas. Elle ne sembla revenir sur terre que lorsque l'homme toussa et que la régie shunta sa voix. Elle lança alors la musique, un morceau de Max Richter intitulé – quel drôle de hasard ! – « Mrs. Dalloway : In the Garden ».

De nombreux messages leur parvinrent cette nuit-là, ils affluaient encore à l'heure où Yui prit l'avant-dernier train pour Shibuya, puis le dernier pour Kichijôji.

Elle ferma les yeux sans trouver le sommeil,

ressassant les mots de l'auditeur, comme si elle arpentait sans fin une même route en notant de nouveaux détails à chaque passage : un panneau indicateur, une enseigne, une maison. Elle ne s'endormit qu'une fois certaine d'avoir mémorisé le parcours.

Le lendemain, pour la première fois depuis que sa mère et sa fille étaient mortes, Yui demanda deux jours de congé.

Elle rechargea sa batterie qui était presque à plat, remit de l'essence dans le réservoir de sa voiture puis, suivant les instructions égrenées par son GPS, elle se mit en route pour le jardin de M. Suzuki.

Quelque chose, un apaisement à défaut du bonheur, se dessinait.

2

Programmation musicale de l'émission radiophonique de Yui cette nuit-là

Fakear, « Jonnhae Part 2 ».
Hans Zimmer, « Time ».
Plaid, « Melifer ».
Agnes Obel, « Stone ».
Kyû Sakamoto, « Sukiyaki ».
The Cinematic Orchestra, « Arrival of the Birds » et « Transformation ».
Max Richter, « Mrs. Dalloway : In the Garden ».
Vance Joy, « Call If You Need Me ».

3

Aux prises avec son GPS, Yui s'efforçait de ne pas vomir.

Les dix premières minutes, la vue de la mer lui faisait toujours cet effet : rien qu'à la regarder, elle avait l'impression que l'eau lui rentrait dans la bouche ; que quelqu'un, avec un entonnoir, la forçait à l'avaler. Elle glissait alors quelque chose entre ses lèvres, un carré de chocolat, un bonbon. Peu à peu, son cœur s'apaisait et les spasmes cessaient.

Le mois suivant le tsunami, elle l'avait passé sur une bâche de deux mètres sur trois, dans le gymnase d'une école primaire, avec cent vingt autres personnes déplacées. Pourtant, jamais elle n'avait éprouvé pareille solitude.

Malgré la neige, tombée en quantité inouïe pour un mois de mars, elle sortait du bâtiment dès qu'elle le pouvait ; elle se faufilait par une brèche du mur d'enceinte de la cour, enlaçait un arbre qui lui semblait fermement ancré dans la terre et contemplait l'océan revenu à sa place, et le cratère de décombres qu'il avait laissé derrière lui.

Elle scrutait l'eau avec obstination ; des semaines

durant, elle n'avait rien regardé d'autre. C'était là que se trouvait la réponse, elle en était convaincue.

Tous les matins et tous les soirs, elle se rendait au centre d'informations en quête de la même chose : des petites tresses, des cheveux gris mi-longs, une courte jupe verte, un grain de beauté sur le ventre.

En rentrant, elle passait dans les minuscules toilettes de l'école, d'habitude fréquentées par des enfants entre sept et onze ans. Elle longeait les couloirs tapissés de dessins et de découpages puis regagnait son campement, sidérée par toute cette absurdité.

Assis sur les bâches qui recouvraient le linoléum, certains parlaient beaucoup. Il leur fallait des mots pour s'assurer que c'était vraiment arrivé. D'autres se taisaient, terrifiés à l'idée de tourner la page et d'admettre que la tragédie avait bien eu lieu, persuadés qu'ainsi ils abolissaient ses conséquences. D'autres encore, qui savaient tout, n'avaient plus rien à dire. La plupart attendaient, Yui était de ceux-là.

Selon les nouvelles qui parvenaient au centre d'informations, leur situation évoluait. Parfois, ils partaient vers un autre refuge où les attendaient ceux qu'ils avaient eux-mêmes attendus.

Il y avait des centaines d'histoires incroyables à raconter. Tout relevait, au fond, de la coïncidence : « Si je n'avais pas été malade et au lit… », « Si j'avais tourné à droite plutôt qu'à gauche… », « Si je n'étais pas descendu de voiture… », « Si nous n'étions pas rentrés déjeuner à la maison… ».

Tous avaient entendu dans les haut-parleurs de la mairie, à cent mètres de la mer, la voix de la jeune employée qui jusqu'au bout avait annoncé l'imminence du tsunami et pressé la population de se réfugier au plus vite dans les montagnes, ou dans les étages les plus élevés des immeubles en béton armé. Tous savaient qu'elle non plus ne s'en était pas sortie.

Sur les écrans des portables, que les gens faisaient maintenant des heures de queue pour recharger, défilaient des images insensées : personnes agrippées aux toits, voitures ballottées par les flots, maisons qui, après une résistance acharnée, étaient emportées en tourbillonnant comme dans un lavabo qui se vide.

Et puis le feu, que personne n'imagine plus puissant que l'eau puisqu'on vous serine dès l'enfance que les ciseaux l'emportent sur le papier, le papier sur la pierre et l'eau sur le feu qu'elle éteint, et vous voilà sauvés. Mais la ritournelle enfantine est un leurre : seul le hasard décide, et la fumée aussi envahit les poumons. On peut mourir comme ça, pendant un tsunami, sans même toucher l'eau.

Des hauteurs de la petite ville sur lesquelles elle s'était réfugiée ce jour-là dès que les violentes secousses avaient cessé, Yui avait vu l'océan avancer. Il lui avait semblé très lent et irrésistible, presque inéluctable. Que pouvait faire un océan, sinon avancer ?

Elle était loin de chez elle mais le message de sa mère, qui se trouvait avec sa fille tout près du refuge de la zone, avait été si rassurant qu'elle avait suivi les gens et soutenu une vieille dame qui peinait à marcher, faisant de son mieux pour se rendre utile, certaine d'être tirée d'affaire. Elle s'était même sentie vaguement coupable d'avoir cette chance.

Une fois sur le promontoire rocheux, ils s'étaient avancés, comme au balcon d'un théâtre. Tous tenaient leurs téléphones à la main, animés d'une confiance démesurée en la technologie. Ils semblaient retombés en enfance, à l'âge où l'excitation et la peur se confondent. Mais quand la mer avait attaqué la terre et ne s'était arrêtée qu'au pied de la montagne, leur seule réaction avait été le silence.

La scène était si irréelle que Yui n'avait pas compris tout de suite à quoi elle assistait vraiment.

Le tsunami s'était révélé d'une ampleur bien supérieure aux prévisions, au point que le mot « refuge » devint une formule mensongère, un mot vide de sens. C'était dans un refuge que sa mère et sa fille avaient trouvé la mort.

Pendant un mois entier, elle avait attendu sur sa bâche de deux mètres sur trois, jusqu'à ne plus savoir ce qu'elle attendait au juste. Aux quelques objets qu'elle portait sur elle au moment du tremblement de terre s'ajoutèrent une foule d'autres petites choses : bouteilles d'eau, serviettes, bols de *râmen*[1] lyophilisés, *onigiri*[2], barres énergétiques, protections hygiéniques, boissons énergétiques, formant autour d'elle une guirlande toujours plus longue, à la mesure de son attente.

Enfin, les corps furent retrouvés et Yui cessa de regarder la mer.

1. Pâtes.
2. Boulettes de riz.

4

Bilan du désastre du Tôhoku selon les données communiquées par le site Hinansyameibo.katata.info, mises à jour le 10 janvier 2019

Décès confirmés : 15 897.
Personnes portées disparues : 2 534.
Personnes déplacées : 53 709.
Décès consécutifs au désastre : 3 701.

5

Yui parcourut les routes grises d'Ôtsuchi et ses terres dépeuplées. C'était l'une des régions les plus touchées par le désastre de mars 2011 : un dixième de sa population avait été engloutie par la mer ou emportée par les incendies qui avaient duré des jours.

La zone avait désormais l'aspect d'un immense terrain vague sur lequel se dressaient çà et là quelques préfabriqués, des bulldozers et des machines dont Yui n'aurait su dire l'usage. Cette désolation lui rappela les vastes cimetières bouddhistes qui s'ouvrent soudain en pleine montagne.

Un vent incessant faisait claquer les bannières signalant les chantiers en cours.

Du côté de Niiji-itakaigan, sur la route qui s'élargissait et se rétrécissait en suivant l'anse naturelle de la région, Yui fut prise d'un doute. Et si l'auditeur avait menti ? Non pas sur l'existence du lieu, dont elle avait trouvé l'adresse, avec un numéro de téléphone et de fax, mais sur l'effet qu'il produisait.

Une cabine téléphonique dans un jardin, un téléphone débranché pour parler avec les défunts. Une telle chose pouvait-elle consoler ? Et puis, que dirait-elle à sa mère, que pourrait-elle bien dire à sa fille ? Cette pensée l'ébranla.

Maintenant qu'elle approchait du but, le GPS proférait des ordres contradictoires. Elle se gara et coupa le moteur.

Et si Bell Gardia était si fréquenté qu'il fallait faire la queue ? Car qui n'a pas de morts à appeler ? Qui n'a pas au moins une chose à régler avec l'au-delà ?

Yui songea à ces piscines chinoises démesurées où l'on ne distingue plus que des corps, des bonnets multicolores et d'énormes bouées. Tout le monde poussant pour y entrer, personne n'ayant de place pour nager. Et l'eau, en dessous, qu'on ne peut qu'imaginer.

Yui était sûre qu'elle n'arriverait jamais à parler si des gens attendaient à l'extérieur.

Comme aux toilettes de l'école. « Ça y est, c'est fini ? Tu en as encore pour longtemps ? »

Elle fouilla le sac en plastique posé sur le siège passager, puis déballa l'un des *onigiri* qu'elle avait achetés avant de quitter Tôkyô, avec du chocolat et du café en canette. Elle mordit dedans et inspecta le paysage.

Un banal hameau de province : de modestes bâtisses, des pavillons à deux étages avec leurs toits bleus typiques et leurs jardins attenants, des cabanons, des champs cultivés, quelques poulaillers. À droite, la mer et la courbe douce d'une colline qui descendait. Derrière, inflexible, la montagne.

Absorbée par le paysage, Yui se détendit. Aucune circulation, pas de magasins. La crainte d'une foule se pressant devant la cabine était infondée.

Soudain, après des heures de nuages et de pluie, le ciel laissa tomber d'un coup un flot de lumière. Yui remarqua alors, dans un jardin, des rangées de kakis mis à sécher, suspendus sous un auvent. Dans son rétroviseur, elle vit un homme sortir de sa maison et grimper avec une échelle dans un arbre branchu. Des cisailles à la main, il s'apprêtait à l'élaguer.

Elle pensa aller lui demander des informations : « Le Téléphone du Vent, Bell Gardia, vous connaissez ? » Mais elle hésita, se disant qu'à cette seule question l'inconnu saurait qu'elle était en deuil. Elle détestait voir les gens changer d'attitude, sourire nerveusement de pitié ou prendre une expression de circonstance.

Puis elle aperçut sur la route un homme jeune aux cheveux déjà grisonnants et elle sut aussitôt qu'il était comme elle. Un survivant.

Yui n'aurait pu l'expliquer concrètement, mais il y avait sur son visage une ombre infime – elle devait porter la même –, la marque de ceux qui restent et renoncent à toute émotion, même à la joie, pourvu qu'ils n'aient pas à souffrir du chagrin des autres.

Une casquette enfoncée sur la tête, il tenait entre ses mains une carte dont le vent rabattait les pans sur sa poitrine. Il regardait autour de lui, il cherchait.

Au cours des années suivantes, Yui allait apprendre à bien le connaître ; elle scruterait son corps découpé par les croisillons de la cabine, le dos courbé sur le Téléphone du Vent, le combiné pressé sur l'oreille.

À chaque voyage, il apporterait, en prenant soin de ne pas l'abîmer, un sachet contenant deux éclairs à la banane que sa femme aimait tant ; les déguster ensemble deviendrait une nouvelle habitude entre Yui et M. Fujita, tous deux assis sur le banc de Bell Gardia.

Plus tard, le cœur un peu moins lourd, ils regarderaient la mer, car Yui, qui s'en était éloignée en déménageant à Tôkyô peu après le désastre, en éprouverait à la longue la nostalgie. Ils étaient nombreux à le dire : d'abord on la haïssait, pour ensuite se remettre à l'aimer, avec ce sentiment déchirant qu'on éprouve pour les enfants assassins qu'on n'arrive pas à répudier.

« Même si le temps passe, le souvenir de ceux qu'on a aimés ne vieillit pas. C'est nous qui vieillissons », lui dirait souvent cet homme qui à cet instant, ébouriffé par le vent, tenait sa carte dépliée devant lui.

Quand Yui descendit de voiture, l'air était chargé d'embruns. La mer était toute proche, mais cette densité salée la déconcerta. Elle se hâta de verrouiller sa portière pour s'empêcher de réfléchir davantage.

Elle marcha vers l'homme qui venait de traverser la route et s'apprêtait à gravir la pente. Dos à la mer, il regardait vers les hauteurs.

Yui sentit le vent derrière elle, il lui sembla qu'une main la poussait, exerçant de petites pressions pour qu'elle avance sur le sentier qui grimpait doucement vers le Kujira-yama, le mont de la Baleine.

« Excusez-moi ! » lança-t-elle d'une voix étouffée en hâtant le pas. Elle répéta et cette fois, portés par le vent, ses mots parvinrent jusqu'à l'homme.

Il se retourna, sa carte froissée plaquée sur la poitrine.

Il sourit. En un regard, il comprit qu'elle était comme lui, qu'ils étaient là pour la même chose.

6

Autres phrases souvent prononcées par M. Fujita

« Dormir est le meilleur des remèdes. »

« Pour se connaître soi-même, il est nécessaire de connaître les autres » (citant Miyamoto Musashi).

« On ne trouve jamais ses clefs au moment de sortir. »

« Le cappuccino est infiniment meilleur saupoudré d'une pincée de cannelle. »

« Une connaissance superficielle est plus néfaste que l'ignorance » (citant encore Miyamoto Musashi).

Note : *Le Livre des cinq anneaux*, de Miyamoto Musashi, est, avec *Le Prince* de Machiavel, le livre préféré de M. Fujita.

7

Pendant presque un an, Yui fit un songe récurrent. Toutes les nuits, elle rêva qu'elle concevait sa fille à nouveau.

Quelque chose en elle lui suggérait que la fillette étant un jour sortie de son ventre, elle pouvait tout reprendre depuis le début, répliquer chaque geste du processus de sa naissance et ainsi la faire revenir.

Durant cette première année de deuil, sa raison se tint à l'écart, muette, dans un petit coin de son rêve, à la regarder, comme si elle ne se sentait pas en droit d'intervenir. Toutefois, dès que Yui se réveillait, elle sortait de sa réserve, se redressait et murmurait que ce n'était qu'un fantasme, qu'il fallait prendre sur soi et avancer.

Même si elle retombait enceinte, et qui plus est, improbablement, du même homme, l'enfant avec sa cicatrice au milieu du front, ses taches de rousseur sur le nez et les joues ne reviendrait pas. Même en renonçant à ce nez droit et pointu, ou au cri suraigu qu'elle poussait pour exiger son attention, rien à faire, cette petite fille-là ne reviendrait pas.

M. Fujita, qui venait de lui avouer avec un sourire embarrassé qu'il n'avait pas la moindre idée de l'endroit exact où se trouvait ce jardin mais qu'il était sans doute dans les parages, eh bien M. Fujita lui aussi revivait chaque nuit des scènes identiques.

Dans son rêve, il parlait à sa fille. Celle-ci avait trois ans, elle était bien vivante, mais muette. Muette depuis qu'elle avait perdu sa mère. Il lui donnait tous les conseils qui lui passaient par la tête ; sans cesser de caresser ses petites mains, il lui apprenait les bonnes manières : ne plante pas tes baguettes dans la nourriture, pose-les comme ça ; mets la main devant ta bouche quand tu bâilles, et dis : *Itadakimasu*[1] avant de manger, oui, en inclinant un peu la tête, voilà, lave-toi les mains dès que tu rentres à la maison, et surtout, souris avec ton cœur, pas seulement avec tes lèvres.

« L'éducation, l'éducation est fondamentale », répétait sa femme, et il en était d'autant plus convaincu depuis qu'elle les avait quittés.

Il nourrissait une confiance éperdue en ces mots, ces refrains qu'on garde ancrés dans la tête une vie durant, petits échos de la voix d'une mère ou d'un père qui avec le temps finit par se confondre avec la nôtre.

« C'était ma femme qui apprenait tout cela à notre fille. Je l'entendais faire tous les jours, mais je ne m'en mêlais pas, peut-être parce qu'au fond je pensais que mon rôle resterait toujours marginal. Et voilà que maintenant j'épie les mères dans la rue, dans les parcs ou au supermarché en espérant leur voler leurs secrets : je voudrais comprendre comment on fait pour convaincre les enfants de parler, pour qu'ils soient heureux d'être en vie.

1. Littéralement « Merci pour ce repas ». Expression que les convives lancent au début du repas et qui s'adresse à la nourriture servie ou à la personne qui l'a préparée – au cuisinier donc ou, plus abstraitement, à la nature qui l'a fournie.

— Oh, mais ça, personne ne le sait ! » répliqua vivement Yui ce soir-là en se tournant d'instinct vers M. Fujita.

L'après-midi, ils avaient flâné longuement sur le Kujira-yama et mangé un morceau dans l'unique restaurant du coin, après quoi Yui l'avait conduit à la gare. Ils étaient restés une bonne demi-heure dans la voiture tandis que le crépuscule jetait ses feux alentour. Puis ils avaient traversé la baie d'Ôtsuchi dans la nuit noire, sans dire un mot.

C'est en prononçant ce *Oh, mais ça, personne ne le sait !* que Yui se mit à rire, en voyant la mine gênée de M. Fujita. Aussitôt après, la surprise la saisit. Ce n'était pas à cause de la naïveté de cet homme. Yui n'avait aucune expérience des pères, ni en tant que fille, ni en tant qu'épouse, mais elle pressentait que le bonheur s'enseigne davantage par l'exemple qu'avec des mots et, surtout, qu'il faut avoir une bonne dose de joie de vivre pour pouvoir la transmettre à autrui.

Non, c'est ce gloussement échappé de sa gorge qui l'interloqua, puis la stupéfia : elle riait, elle était en train de rire.

Elle était incapable de se rappeler la dernière fois qu'elle avait ainsi éclaté de rire, qu'elle s'était sentie assez légère pour s'autoriser ce degré de relâchement.

Quelqu'un qui l'aimait aurait sans doute été ému de l'entendre.

« Ah non ? » répondit M. Fujita, en riant à son tour.

8

Comment donner de la joie de vivre aux enfants

Selon Mme Kuroda, mère de Sakura (deux ans), rencontrée par M. Fujita au supermarché Kêio de Kichijôji : « En les complimentant autant de fois (plus une) qu'on les gronde, en préparant avec eux des pancakes le samedi matin, en les regardant quand ils vous demandent : "Regarde !" »

Selon Mme Anzai, mère de Tao-kun (trois ans et cinq mois), lors d'une conversation avec une autre mère au parc Inokashira : « En courant avec eux au parc tous les jours, en les serrant fort dans nos bras quand ils font des caprices, en évitant les magasins de jouets pour ne pas avoir à leur dire non. »

Selon le docteur Imai, père de Kôsuke (sept ans), collègue de M. Fujita : « En lisant avec eux des livres sur les dinosaures, en les emmenant à l'aquarium voir les poissons, en répondant à toutes leurs questions, même si elles sont embarrassantes. »

9

« Bell Gardia ? » répondit la vieille femme aux étrangers. Le dos voûté, elle portait un tablier à larges poches. À côté d'elle, un chien noir, assis de guingois, son corps lourd appuyé sur deux pattes grêles, mastiquait tranquillement quelque chose. « C'est là que vous allez ?

— Oui, exactement. C'est loin d'ici ? »

Sa présence rendit ce dernier bout de chemin moins éprouvant. Elle devait avoir plus de quatre-vingts ans et marchait la main droite plaquée sur son dos courbé, le bras gauche ballant.

Elle s'offrit de les accompagner jusque chez M. Suzuki, le gardien de Bell Gardia. « Venez », leur dit-elle avec un bon sourire, comme si elle les conviait dans la pièce la plus reculée de sa propre maison.

Elle était originaire du Kyûshû, mais cela n'avait plus guère d'importance parce qu'elle avait passé toute sa vie là. Elle s'y était installée avec son mari, un pêcheur, juste après leurs noces, leur raconta-t-elle. Il lui avait dit que c'était le plus bel endroit du monde, et elle l'avait cru. Ils avaient alors rénové la maison de son enfance et vécu au rythme de la mer ; le bateau de son homme levait l'ancre à la nuit tombée et ne revenait qu'à l'aube.

Au début, leur dit-elle, elle avait été très impressionnée par les crabes-araignées géants que son mari lui rapportait du nord, où il allait parfois. Ces créatures l'effrayaient, avec leurs interminables pattes écarlate et ivoire et leurs longues pinces. « Mais leur chair est délicieuse, vous devriez goûter. »

En se tournant vers l'océan, Yui distingua les têtes rouges des bouées flottant sur l'eau. Elle imagina la vieille femme se redressant, se débarrassant de ses années et effaçant ses rides comme on secoue sa tunique. Elle la vit sur le seuil de sa maison, droite et jeune, avec cette frange très courte autrefois à la mode, un enfant dans les bras et un autre plus grand accroché à l'ourlet de son kimono, un chien différent aux pieds. Inquiète, elle scrute l'horizon à la recherche du bateau de son mari. Soudain elle lève le bras. « Regardez ! » s'exclame-t-elle en désignant du doigt une tache minuscule sur l'étendue bleue.

Cette vieille femme affable permit à Yui et à M. Fujita de rejoindre Bell Gardia sans trop d'appréhension. Toute leur attention s'étant portée sur elle et sur son chien, le jardin s'ouvrit devant eux d'un coup, comme dévoilé par le rideau d'un théâtre de rue.

« Au revoir, bonne chance », leur dit-elle, la main levée. Ils la fixèrent longtemps, en s'inclinant avec respect pour la saluer. Elle redescendit lentement la route, escortée par le vent jusque chez elle.

Dans l'école où elle était restée pendant des semaines, entre les cageots de fruits, les paquets de nourriture lyophilisée, les vêtements et les couvertures qui affluaient de tout le Japon, Yui avait vu passer des centaines de visages qui tous, sans distinction, lui échappaient. Un seul revenait quotidiennement la visiter aux moments les plus imprévisibles.

C'était un visage d'homme auquel un objet était associé.

Il devait avoir la cinquantaine, de forte stature, un rictus dément aux lèvres, avec de grands yeux de poisson exorbités.

Cet homme, dont Yui ne sut jamais le nom, tenait toujours un cadre à la main, il ne s'en séparait même pas pour dormir. À travers ce cadre, il scrutait le ciel, le plafond, et tout ce qui s'entassait à l'intérieur du gymnase : bâches, tas d'objets, rescapés. En l'observant avec une attention qu'elle n'accordait à personne d'autre, Yui avait compris qu'il donnait des titres à tous ces tableaux, et s'était persuadée qu'elle était la seule à le savoir. De sa main libre, il semblait noter quelque chose dès qu'il déplaçait son cadre, puis il se figeait, solennel, et étudiait tout ce qui apparaissait ensuite à l'intérieur de celui-ci.

Ailleurs, les fous étaient sans doute plus seuls que les autres. Mais là, ils l'étaient moins. Ce qui rendait les sains d'esprit fous de douleur les libérait un peu, grâce à cela ils se sentaient moins différents.

Yui doutait même qu'il fût vraiment un rescapé. Elle pensait que le traumatisme de l'homme était ancien, et que rien de ce qui lui arriverait dans ce lieu ne pourrait le toucher. Tous les autres passaient au moins une fois par jour au centre d'informations prendre des nouvelles de leurs proches, lui non ; et personne ne venait lui parler d'autre chose que des horaires de distribution de repas, du planning des douches, des visites médicales obligatoires et des exercices recommandés pour la circulation. Tous les autres pleuraient, ou se retenaient de le faire, lui non. Il était venu seul pour se mêler aux gens, peut-être avait-il encore une maison, mais rester là l'apaisait.

Il faut dire que là personne ne se permettait de douter d'autrui. On avait bien trop peur d'infliger de la peine à des personnes déjà blessées. Toutefois, Yui s'était préparée : si jamais quelqu'un s'avisait de venir demander à cet homme le pourquoi de cet objet rectangulaire en plastique bleu avec lequel il recadrait la vie, elle interviendrait. « C'est un jeu, il a fait une promesse à l'un de ses neveux », répondrait-elle. Et si l'autre insistait pour savoir de quel jeu il s'agissait et s'enquérir du sort du neveu en question, alors elle se tairait pour qu'il n'ose plus poser de questions.

La vérité, ou du moins celle que Yui imaginait – cet homme scrutait le monde à l'intérieur d'un cadre pour se rassurer car tout lui paraissait plus soutenable ainsi –, risquait sans doute de mettre les gens mal à l'aise.

On accepte mieux les fous tant qu'on n'est pas vraiment certain de leur folie.

Allongée sur sa bâche, Yui voyait défiler les visages de sa fille et de sa mère, les décombres de sa vie d'avant, des visions de la mer, et l'image de cet homme bovin dans une maison qu'elle supposait remplie de bibelots.

Elle ignorait la raison de cette obsession, mais ne pouvait l'empêcher. Les yeux ouverts, elle projetait sur le haut plafond du gymnase l'image de sa silhouette massive au moment où, par hasard, il saisissait une photo encadrée, la retournait pour en faire glisser les taquets et en défaire le cadre. La séquence suivante – l'homme portait ce cadre à la hauteur de son visage et la pièce, la rue, tout ce dont le monde extérieur regorgeait, lui apparaissait tout à coup apaisé et attrayant –, Yui se l'était repassée des dizaines de fois. Imaginer cette scène la rassérénait profondément.

À présent, assise sur le banc de Bell Gardia, Yui observait le profil de M. Fujita et le voyait morcelé. C'était essentiellement à cause des croisillons (deux longs verticaux et cinq courts horizontaux) qui découpaient les vitres de la cabine. Dans chaque case se trouvait un morceau de M. Fujita, une fraction de bras, un segment de jambe.

Elle détourna le regard plusieurs fois, craignant de paraître indiscrète.

Cependant, M. Fujita ne s'aperçut de rien. Il continua à parler de Hana à sa femme : « Elle a cessé de parler, oui, mais je suis confiant, et le pédiatre aussi. »

C'était une question de temps, avait-il dit, chez les enfants aussi les sentiments pouvaient se matérialiser et, souvent, c'était dans la gorge qu'ils se coinçaient. C'était beaucoup moins rare qu'on ne pourrait le croire.

« Ma mère va bien, c'est une grand-mère très présente. »

Il pouvait en outre compter sur les voisines, sur les institutrices de la maternelle et sur ses petits camarades. En somme Hana était aimée, elle guérirait ; et si elle y parvenait avant la grande école, ce serait parfait.

Soudain, le cadre à travers lequel Yui voyait la nuque de M. Fujita se vida : il s'était penché, sa tête apparaissait à présent dans un autre cadre, plus bas. Il récupéra son sac à dos par terre et se retourna.

Il était ému mais souriant. Comme pour dire : « Tout va bien, elle va bien, je vais bien, on va y arriver. »

Yui ne lui parla de l'homme au cadre qu'un an plus tard. Elle lui raconta qu'elle aussi était entrée à son tour dans ce rectangle bleu, et que ce jour-là elle s'était sentie vue, regardée *vraiment* pour la première fois depuis des semaines.

Cela ne s'était pas reproduit : trois jours plus tard en effet, l'homme avait disparu. Personne n'en avait parlé, et elle n'avait pas posé de questions.

Il n'y a rien à dire de ceux dont on ignore tout.

Ceux dont on ignore tout n'ont plus aucune importance.

Dans ce lieu de confinement, Yui avait fait cette découverte importante : il suffit de ne plus parler d'un homme pour l'éliminer à jamais. C'est pourquoi on doit se souvenir des histoires, parler avec les gens, parler des gens ; écouter les gens parler d'autres personnes, et même dialoguer avec les morts s'il le faut.

10

Le cadre de l'homme au cadre

Dimensions : 17,5 cm × 21,5 cm.
Couleur : bleu ciel.
Acheté 100 yens dans une boutique le 6 mars 2001.
Payé 105 yens, TVA comprise.
Made in China.

11

Ce premier jour, Yui se contenta de regarder les choses se produire.

Le jardin ne cessait de murmurer, comme si les voix de tous les villages alentour convergeaient dans ce canevas de terre.

Yui se demanda si les conversations de la vieille dame avec son chien s'y promenaient aussi. La complicité de ces deux-là devait sûrement être tissée de longs monologues sur la mer et sur ses enfants, qui vivaient désormais dans des villes lointaines.

Après son passage dans la cabine du Téléphone du Vent, M. Fujita entra dans la maison du gardien et entreprit d'explorer la bibliothèque qui s'y était montée au cours des années, grâce à l'aide de diverses ONG. Il étudia le calendrier des événements qui se tenaient chaque mois à Bell Gardia.

Leur rencontre se passa plutôt bien : M. Suzuki les reçut avec une grande cordialité.

Il s'inclina en souriant tandis que M. Fujita lui tendait sa carte de visite. Yui se borna à assister à l'échange, préférant s'effacer derrière son compagnon de voyage en laissant entendre qu'elle ne faisait que l'accompagner. Si M. Fujita le remarqua, il ne fit rien pour préciser qui était Yui pour lui.

M. Suzuki la regarda sans poser de questions, s'attardant juste un instant sur son extravagante chevelure qui, à l'époque, était blonde aux deux tiers. Puis, chaleureusement, il répéta : « Bienvenue », en les invitant à entrer.

Yui, qui trouvait le jardin magnifique et émouvant, demanda si elle pouvait y rester seule quelques minutes pour l'admirer.

« Restez-y aussi longtemps que vous voudrez. Un jeune homme doit venir, dans une demi-heure, je crois, mais il est souvent en retard. Il vous suffira de vous éloigner de la cabine. Je le connais bien, il passe assez régulièrement, et il n'est pas du genre à se formaliser. »

Yui acquiesça, frappée par la familiarité avec laquelle M. Suzuki en parlait. Un jour, peut-être, parlerait-il d'elle de la même façon.

Elle les suivit du regard tandis qu'ils franchissaient le seuil de la maison. Celle-ci se dressait au fond du jardin, charmante et toute blanche à l'exception des poutrelles noires de son colombage. Yui se rappela en avoir vu de semblables dans un catalogue de photographies sur l'Allemagne.

Chaque année, des milliers de personnes venaient déverser leurs mots à Bell Gardia.

Beaucoup étaient comme elle des rescapés du 11 mars 2011, originaires d'Ôtsuchi pour la plupart. Mais d'autres avaient perdu des proches à la suite d'une maladie ou d'un accident de voiture ; des vieux venaient là parler à leurs défunts, morts pendant la Seconde Guerre mondiale, des parents à leurs enfants disparus dans le néant.

« Un jour, un homme m'a dit que la mort est une

chose vraiment personnelle… avait raconté M. Suzuki. D'une certaine manière, nous construisons nos vies en miroir de celles des autres. La mort, c'est différent. Tout le monde y réagit à sa manière… »

Yui marchait lentement, en prenant garde à ne pas piétiner de plantes. Elle se demanda si l'homme dont parlait le gardien n'était pas celui qui était intervenu dans son émission.

La vigueur avec laquelle le vent soufflait à Bell Gardia l'étonna : on aurait dit qu'il prenait son élan pour bouleverser le paysage.

Elle se dit alors que la fonction du combiné n'était pas de canaliser les voix vers une unique oreille, mais bien de les diffuser dans les airs. Et si tous ces morts, rappelés à la vie *ici-bas*, se tenaient par la main dans l'*au-delà* ? Et s'ils finissaient par nouer des liens et par vivre des histoires dont les vivants ignoraient tout ?

Comment expliquer autrement une telle grâce ? Ici, la mort semblait si belle.

Tout en flânant dans le jardin, Yui les imagina rassemblés comme pour l'appel à l'école, levant la main en entendant leur nom et faisant connaissance. Sa fillette jouait peut-être avec la femme de M. Fujita, elles chantaient peut-être ensemble, se recréaient un monde où, tandis que les survivants veillaient les uns sur les autres, les défunts aussi s'aimaient et allaient de l'avant, accumulant les années. Pour finir, ils mouraient. À l'instar du corps, l'âme devait s'user.

Cette pensée la troubla, comme si quelque chose de fondamental s'était produit pendant sa rêverie.

Assise sur une souche, Yui déplia les doigts sur ses genoux. Elle les regarda. Son enfant continuait-elle à marcher, soutenue par la main de quelqu'un d'autre ?

Environ une demi-heure plus tard, Yui leva les yeux et vit un jeune homme en uniforme de lycéen. Il traversait le jardin d'un pas sûr vers la cabine. Sa démarche chaloupée, typique des garçons de cet âge, l'attendrit. Il ne devait pas avoir plus de seize ou dix-sept ans.

En passant sous l'arche, à l'orée du sentier, il la heurta avec le gros sac orné du blason de son lycée qu'il portait en bandoulière. La cloche tinta.

Yui le vit ouvrir la porte de la cabine et saisir le combiné avec assurance.

Elle lui tourna le dos par discrétion, puis elle leva les yeux. Quelques kakis pendaient encore au plaqueminier qui la surplombait, étendant ses branches au-dessus d'elle dans toutes les directions.

Vu de là, le ciel semblait entièrement lézardé.

12

Sujets de conversation préférés entre la vieille du Kujira-yama et son chien

Comme son mari était romantique quand il était jeune.

La fois où ils avaient fait l'amour dans la serre aux orchidées.

Sa fille Marie, qui vit à Kôbe et a épousé un ingénieur.

Les cravates atroces du mari de sa fille.

Namiki, sa petite-fille de deux ans et demi, qui la salue avec effusion sur Skype puis se désintéresse aussitôt de l'écran allumé.

Le goût exquis des crabes de Hakodate et la nostalgie qu'elle en a.

Son fils qui habite en Allemagne et qui rentrera le jour de l'An pour lui présenter son épouse.

13

« Elle était trop polémique, toujours à chercher la petite bête », dit le garçon en riant.

En sortant de la cabine, il s'était dirigé vers Yui pour lui faire signe qu'il avait fini, le gardien les avait alors hélés du seuil de sa maison : le thé était prêt.

Il s'appelait Keita et habitait un village des environs. Il venait à pied parce que hélas le car partait au moment précis où il quittait le gymnase, après son entraînement de kendo. Élève de terminale, il avait perdu sa mère d'un cancer détecté trop tard.

« Ma mère était diplômée de l'université de Tôkyô, Tôdai. Elle ne nous lâchait pas avec les études, Naoko et moi.

— C'est sa petite sœur, elle a quatorze ans, précisa M. Suzuki.

— On se chamaillait en permanence, reprit le garçon. J'avais l'impression de l'avoir toujours sur le dos.

— Tous les parents font ça, s'esclaffa M. Fujita. Je reprochais la même chose à mon père, et je ferai probablement pareil avec ma fille.

— J'aurais dû être plus gentil, poursuivit Keita, mais je n'y arrivais pas. Même à la fin. Mais là, c'était différent : j'avais peur d'en faire trop et qu'elle se dise que j'avais compris qu'elle ne guérirait pas. »

M. Suzuki s'affairait dans la cuisine ; par moments il acquiesçait, comme s'il connaissait cette histoire par cœur.

« Si elle revenait, je parie qu'on recommencerait tout de suite à se disputer. »

Une rafale fit vibrer les vitres de la cuisine, une feuille s'y colla, rougeâtre, mais le vent relâcha sa prise et elle retomba aussitôt sur l'appui de la fenêtre.

« Mon père est du genre à ne rien interdire, il me dit : "Évalue calmement la situation, et prends ta décision, je te fais confiance", ajouta le garçon. Mais c'est moi qui ne me fais pas confiance. »

La lucidité de l'adolescent impressionna Yui, qui avait écouté en silence. Elle imaginait les lycéens plus inconséquents, plus superficiels et surtout moins à même de se livrer avec autant de sincérité. *Peut-être est-ce le chagrin qui amplifie l'existence*, se dit-elle, et cela la désola vaguement.

« L'avantage, c'est que maintenant elle ne me coupe plus la parole, ironisa le garçon.

— Ta famille sait que tu viens ici ? lui demanda M. Fujita en faisant tinter ses ongles sur la céramique jaune de sa tasse, un geste dont il était coutumier lorsqu'il était pensif.

— Seulement mon père, parce que chaque fois que je viens ici, je suis en retard pour le dîner. Mais je n'ai rien dit à ma sœur. »

Keita ne l'avoua pas, mais s'il tenait à être le seul à donner à sa mère des nouvelles des siens, c'était parce qu'il était, de son vivant, celui qui lui parlait le moins.

« Merci, monsieur Suzuki », conclut le garçon en se levant brusquement de sa chaise. Il tira de son sac un sachet aplati. « C'est pour votre femme et vous. Désolé, ils sont un peu écrasés. »

Le gardien le remercia en posant le sachet de petits gâteaux sur le comptoir, puis il lui recommanda de ne pas prendre froid (« C'est bientôt l'hiver ») et l'exhorta à bien préparer ses examens d'admission (« Mais ne te tue pas au travail »). Le lycéen, ému et gauche, promit de revenir dès que possible et s'inclina devant M. Suzuki, puis devant les deux visiteurs ; mais Yui était déjà ailleurs.

Elle le vit passer la porte avec le sac en bandoulière qui déformait sa silhouette, et cet immense avenir que les jeunes gens de son âge charrient avec eux, tout en pensant qu'il était inutile de graver sa voix dans sa mémoire : elle était là, dans le jardin de Bell Gardia, nouée à tant d'autres voix ; elle y resterait sans doute pour toujours, caressant celle de sa mère, lui parlant de ses examens, puis de ses premiers cours à l'université, de cette fille qu'il aimait mais qui ne l'aimait pas, de cette autre qu'il avait repoussée parce qu'elle ne lui ressemblait pas assez ; de son premier travail, de son mariage, du mal qu'il s'était donné pour l'organiser ; de son premier enfant, de sa joie et de la perplexité constante qu'il éprouvait en l'entendant l'appeler « papa ».

Cette voix aussi confluerait en houle avec toutes les autres. La mer les refoulerait au bord de la ville, dans la zone du port.

« Et après ? »

Et après, les poissons les avaleraient, comme ils avalaient les bagues des princes dans les contes que Yui lisait le soir à sa fille avant de dormir.

« Et après ? »

Et après, un beau jour, dans les cuisines d'un

royaume proche, quelqu'un ouvrirait le ventre d'un maquereau, ou d'un saumon, et ces mots, dans un souffle, réapparaîtraient.

Yui se rappela les « Et après, maman, et après ? » répétés de sa fille et la façon dont, en pyjama sur son futon, elle portait ses menottes à son ventre. Yui lisait le passage à haute voix et chaque fois la petite s'exclamait : « Le pauvre ! »

Elle se remémora son expression grave, son inquiétude sincère pour l'animal. Pour le ventre ouvert du poisson d'où le sort voulait que s'échappe la destinée d'une reine ou d'un roi.

Quand ils furent seuls, Yui sortit une fois encore dans le jardin. Elle salua le gardien en quelques mots et là, dans le vent de l'automne finissant, elle attendit M. Fujita. Bientôt, ils iraient manger des oursins à la pulpe orangée, de la soupe miso et du riz au sésame fait maison et, entre-temps, ils se raconteraient leurs vies.

À l'horizon, les nuages semblaient se liquéfier, balayés par un vent de profondeur.

L'après-midi fut serein, la soirée également. Si un jour elle rencontrait la fille de M. Fujita, songeait Yui, elle la fixerait dans les yeux et lui dirait d'être fière, car peu de fillettes pouvaient avoir la certitude d'être autant aimées. Mais non, jamais elle ne prononcerait ces mots ; Yui savait bien que l'amour le plus fort est celui qui se passe d'explication.

Elle apprit que M. Fujita avait pour prénom Takeshi, dont la sonorité lui plut énormément. Elle l'appellerait ainsi désormais, chaque fois qu'elle penserait à lui.

Ils se saluèrent avec une sympathie qui leur parut naturelle. Tous deux avaient le sentiment de s'être trouvés, comme deux objets réunis par hasard au fond d'un fourre-tout.

Ce soir-là, Yui roula jusqu'à Tôkyô sur l'autoroute déserte. Dans le crépuscule, tandis qu'elle traversait Kichijôji puis Mitaka, les lumières des supérettes éclairaient de petits rectangles de route ; les cerisiers touffus du boulevard de la ville de Musashino-shi, la maison de retraite, le gymnase, tout était endormi, comme sous l'effet d'un sortilège.

Pour la première fois depuis deux ans, en jetant un œil dans le rétroviseur où tous les jours elle croyait voir sa fille assoupie dans son petit siège, Yui se dit qu'elle pourrait lui chanter une berceuse ; elle tournerait ensuite les yeux vers le siège passager où s'asseyait sa mère et lui décrirait l'étrange magie de la journée qui venait de s'achever.

Pour la première fois depuis le tsunami, elle se permit de mettre en doute la règle qu'elle s'était imposée de bien séparer le monde en deux, celui des vivants de celui des morts.

Quel mal y a-t-il, se dit-elle, *à parler à ceux qui ne sont plus ?*

Il suffisait d'accepter que ses mains ne touchent que le vide, que l'effort de mémoire parvienne à combler les failles, que la joie d'aimer se borne à donner, sans plus recevoir.

Cette nuit-là, emmitouflée dans ses couvertures, elle ouvrit un livre de contes.

À voix haute, elle lut l'histoire du petit soldat de plomb, du gros poisson qui l'avala, du long voyage qui le ramena jusqu'à sa ballerine dressée sur une seule jambe, et du feu de cheminée dans lequel ils finirent tous les deux, minuscule cœur de plomb et petite étoile noire comme le charbon.

14

Ce que Keita dit à sa mère au téléphone

« Allô, maman ? Tu es là ? C'est Keita.

Excuse-moi, je suis venu moins souvent, dernièrement.

Je suis des cours particuliers le soir et, à la fin de la semaine, la préparation à l'examen d'entrée à Tôdai. Ça ne s'arrête jamais.

Papa dit que toi aussi, tu trouvais ça idiot, les questions à choix multiple. Dans la vraie vie, ça n'arrive pas qu'il n'y ait que quatre options et qu'une seule soit la bonne.

Bon, et toi, comment ça va ? Ne me dis pas que là-bas aussi tu manges des gâteaux en cachette ? (*Il rit.*)

Je crois que tu l'as refilé à Naoko, ce truc avec la nourriture. Quand je fais la lessive, je retrouve des papiers de bonbons dans ses poches. Une fois, je suis même tombé sur des bretzels et un churro. Ce n'est pas normal, d'après moi.

Ah, Naoko est tombée amoureuse ; ne me demande pas de qui, je n'en sais rien. Ça se lit sur son visage, en tout cas. Et puis elle est moins grognon que d'habitude.

Eh bien, je vais y aller. Il y a une dame qui se balade dans le jardin, peut-être qu'elle attend son tour.

Salut, je reviens bientôt, c'est promis.

(*Il s'apprête à raccrocher puis se ravise.*)

Ah, au fait, mange donc tout ce qui te fait plaisir. »

15

Après cette première journée, Yui et Takeshi revinrent régulièrement à Bell Gardia.

Une fois par mois, ils se donnaient rendez-vous à Shibuya, devant Moyai[1]. Tous deux habitaient non loin, et Yui adorait y passer avant l'aube quand l'endroit, fréquenté du matin au soir par une foule innombrable, était presque désert. Avec ses écrans noirs et ses feux clignotants, le carrefour Hachikô semblait alors à l'abandon – un char de carnaval laissé à un coin de rue, tous lampions éteints.

Ils prirent l'habitude du trajet en voiture jusqu'à Iwate, du départ à quatre heures du matin, de la halte au Lawson de Chiba, où ils achetaient de quoi déjeuner et l'indispensable tablette de chocolat dont Yui croquait prestement quelques carrés dès que l'océan s'ouvrait devant elle.

C'est ainsi que Takeshi apprit, pour les nausées de Yui, et qu'il sut, pour la mer.

Yui découvrit pour sa part que Takeshi, ces jours-là, refusait d'emporter son téléphone portable. Le voyage

1. Célèbre statue devant la gare de Shibuya, inspirée des statues moaï de l'île de Pâques.

lui apportait quelque chose *physiquement*, lui dit-il, il avait besoin de ressentir la distance avec son corps, et le portable risquait de le ramener en arrière, de le contraindre à n'être que celui qu'il avait toujours été.

Aussi donna-t-il à sa mère, qui prenait soin de sa petite-fille en son absence, le numéro de Yui. Quelqu'un d'autre apprenait l'existence du Téléphone du Vent, et de cette jeune femme qui, un dimanche par mois, le conduisait au Kujira-yama.

Yui et Takeshi ne se voyaient que pour aller à Bell Gardia, comme si le lieu de leur première rencontre devait déterminer toutes les suivantes. Cependant, ils étaient de plus en plus proches.

Ils se mirent à s'envoyer des messages tous les jours.

Le soir où, en cherchant une paire de gants, Yui tomba sur un cadeau destiné à sa fille, c'est Takeshi qu'elle appela. Son déménagement s'était fait dans la précipitation et tout ce qu'elle avait fourré à la va-vite dans des cartons lui brûlait les doigts. Même après deux ans, sa nouvelle maison recelait un nombre effrayant d'objets qu'elle avait autrefois mis de côté pour son enfant : des jouets qui lui avaient plu ou qui étaient en solde, d'autres qu'elle avait achetés bien qu'il fût trop tôt pour les lui offrir ; des vêtements un peu grands qu'elle pourrait bientôt mettre, quand elle aurait pris quelques centimètres ; parfois, c'étaient des poupons, des albums illustrés ou des petites jupes qu'elle avait simplement oublié de lui donner, désordonnée qu'elle était. À chacune de ces perfides réapparitions, Yui ressentait un pincement, le regret poignant d'avoir privé sa fille d'une petite joie.

Takeshi répondit à son message avec délicatesse, et il fit de même toutes les fois que cela se reproduisit.

Il lui promit qu'un jour, dès qu'elle se sentirait

prête, ils s'attaqueraient ensemble à cette maison, à ses armoires, à ses placards et aux cartons restés clos qui inspiraient à Yui une authentique terreur.

À son tour, Takeshi écrivit à Yui lorsqu'il crut voir sa femme en apercevant une patiente de dos, tournée vers la fenêtre, ou reconnaître sa silhouette pressée à travers une passante qui lui avait coupé la route, un jour où il courait à son travail.

C'est à elle qu'il confia l'inquiétude des institutrices de la maternelle, car là-bas aussi sa fille restait muette ; oui, elle dessinait, oui, elle participait, mais elle n'émettait pas un son. Personne ne connaissait plus l'intonation de la voix de Hana, et lui-même avait parfois le sentiment de l'avoir oubliée. Il regardait alors les courtes vidéos archivées sur son ordinateur : Hana chantant des chansonnettes de dessins animés ; Hana écorchant les mots ou entonnant des chants traditionnels ; Hana tenant, l'air convaincu, de ces propos absurdes qui sont l'apanage des petits enfants.

Devant la nostalgie de tout ce qu'il avait perdu, et le sentiment de ne pas être à la hauteur de l'épreuve que l'existence lui avait réservée, il écrivait à Yui qu'il était « un peu triste », et elle le comprenait.

Sans s'en rendre compte, Yui et Takeshi finirent par se ressembler.

Lui se mit à regarder sa propre maison d'un autre œil, surtout les endroits où il cachait ce qu'il voulait garder hors de portée de Hana : objets dangereux, gourmandises, jouets que la petite n'avait pas rangés et qu'il lui avait confisqués. Il cessa d'acheter à l'avance vêtements ou cadeaux : s'il pensait que quelque chose pouvait lui plaire, il le lui offrait sur-le-champ.

Yui lui avait appris que *demain*, par principe, n'existe pas.

De son côté, Yui retourna à l'hôpital. Après deux ans à espérer, inconsciemment, que le moindre de ses rhumes vire à la pneumonie ou qu'un mal de gorge négligé s'aggrave au point que la douleur envahisse toutes ses pensées, elle se préoccupait à nouveau de sa santé ; tant bien que mal, elle recommença à prendre soin d'elle.

Et puis, quand elle assistait à une scène amusante ou attendrissante – un chien jouant tout seul pendant que son maître somnolait, un chariot rempli d'enfants de la maternelle hurlant au passage d'un train –, elle en enregistrait de brèves séquences, sortes de haikus visuels à remiser pour les regarder en allant au travail, avant de s'endormir ou à n'importe quel moment difficile de la journée. À l'exemple de Takeshi, elle accumula une jolie collection de petits films : ainsi éclairait-elle ses heures sombres.

Enfin venait le samedi soir, veille de leur expédition à Bell Gardia. Le dimanche à l'aube, à l'heure dite, Yui klaxonnait pour avertir Takeshi de son arrivée, comme elle le faisait jeune fille en arrivant en bas de chez sa mère. Takeshi, assis sur le muret qui entourait Moyai, se levait pour venir à sa rencontre, secrètement ravi de voir le visage radieux, les yeux brillants, la petite bouche charnue, le nez pointu et la chevelure bicolore éparse de cette femme qu'il désirait connaître mieux.

Bientôt, ce moment-là cessa d'être le simple rendez-vous de deux inconnus en route pour la même destination. Pour tous deux, il s'agissait de retrouvailles.

Il revenait vers elle. Elle revenait vers lui.

16

Objets achetés par Yui pour sa fille (et jamais offerts) retrouvés chez elle

Une tétine avec des moustaches.
Un pantalon rose aux poches ornées de dentelle.
Une trompette *Anpanman*[1].
Une tasse à l'effigie de Minnie avec une anse en forme de nœud.
Trois barrettes incrustées de strass.
Un CD de chants de Noël.
Un carré de mousseline, de ceux qu'elle utilisait pour sa toilette de nourrisson.
Une grenouillère, taille trois mois.
Une paire de petits gants à motif floral.

1. Manga pour enfants adapté en série télévisée d'animation.

17

Sur la route de Bell Gardia, tandis qu'ils longeaient la mer, filant vers les montagnes, ils écoutaient de la musique. Yui adorait la bossa nova, une musique nostalgique d'une époque qu'elle n'avait pas vécue et d'une terre qu'elle ne connaissait pas, mais dont les mélodies lui tiraient des larmes. Elle s'était persuadée que la nostalgie n'était en rien liée à la mémoire et qu'on la ressentait plus puissamment pour ce que l'on n'avait pas soi-même expérimenté.

Takeshi, lui, avait grandi avec le rock japonais en écoutant les X Japan, les Luna Sea et le groupe Glay – elle riait, tant la voix calme de Takeshi jurait avec ces chansons souvent braillées à tue-tête – et de temps en temps il proposait à Yui des morceaux plus mélodieux comme « Forever Love » ou « Yûwaku ».

Ils écoutaient rarement la radio en voiture, et jamais la station de Yui. Takeshi préférait suivre les émissions qu'elle animait en direct et, quand il avait des urgences ou qu'il était en salle d'opération, il les enregistrait. Il finit du reste par le faire systématiquement, conservant ainsi la voix de Yui dans ses archives.

Il aimait le timbre ferme avec lequel elle orchestrait les voix de ses invités, chercheurs, journalistes ou scientifiques, et le ton doux et rassurant qu'elle réservait aux auditeurs qui appelaient des régions les plus diverses du Japon pour intervenir à l'antenne. La façon dont Yui mettait à leur aise des personnes qui n'avaient pas l'habitude de s'exprimer en public le touchait tout particulièrement.

Ces trajets de Tôkyô à Ôtsuchi étaient interminables. Ils duraient toutefois juste assez longtemps pour que leur âme se prépare à leur rencontre avec le jardin sur le ventre du Kujira-yama. Les longues heures de conduite, pendant lesquelles ils se relayaient, la musique en fond sonore, leurs discussions et leurs silences qui emplissaient l'habitacle, la respiration de l'un et de l'autre quand, chacun à leur tour, ils s'abandonnaient au sommeil semblaient leur donner du cœur au ventre.

Tout cela agissait en profondeur, les préparant à cette énième infime dilatation que provoquait en eux le vent de Bell Gardia. Kilomètre après kilomètre, ils approchaient du Téléphone du Vent, de la vue sur le jardin, sur les bateaux et sur la mer moutonnante.

Oui, si Yui avait dû expliquer ce processus par une image concrète, elle l'aurait comparé aux lancinantes contractions qui précèdent l'accouchement, cette merveille dont elle avait fait l'expérience en mettant sa fille au monde : fermer pour ouvrir, contracter pour ensuite détendre, serrer et retenir pour ensuite pousser et écarter.

Un parfait paradoxe en somme, à l'instar de ces situations où, dit-on, l'on ne réussit qu'au moment où enfin on a renoncé. Comme en amour, par exemple, ou lorsqu'un enfant tarde à venir.

Pourrait-elle aujourd'hui parler avec ses chères disparues ? Ce mois-ci, souffrirait-elle un peu moins en se réveillant le matin, seule chez elle ? Takeshi cesserait-il de fixer le côté vide de son lit, d'hésiter devant la porte de la salle de bains en se demandant si sa femme en aurait encore pour longtemps, et de lui murmurer un doux « Prends ton temps » ?

18

Les morceaux de musique brésilienne préférés de Yui, autrefois et aujourd'hui

« Águas de Março » d'Elis Regina dans sa version originale sur l'album *Elis* (1972).

« Desandou » du Caio Chagas Quintet sur l'album *Comprei um Sofá* (2017).

19

« Si seulement une fois, rien qu'une seule, il me rassurait en me disant qu'il est là et qu'il m'écoute ; qu'il ne nous en veut pas. »

Comme il achevait cette phrase humble et résignée, après une bordée de propos rageurs, sa voix se brisa. L'homme inspira une grande bouffée d'air, ravala un sanglot, puis se remit à éructer injures et accusations.

Ils l'avaient rencontré le matin en montant vers Bell Gardia avec le rituel *omiyage*[1] pour M. Suzuki et sa femme, songeant déjà avec gourmandise aux oursins et à la soupe miso du petit restaurant où ils mangeaient chaque fois qu'ils venaient. Takeshi avait apporté les deux éclairs à la banane qui plaisaient tant à sa femme, Yui avait rangé son chocolat dans la boîte à gants.

Tout était dans le rituel ; le retour et la routine.

« L'écriture est mon métier : je suis journaliste. Et si un jour j'écris sur cette sale histoire, à supposer que ma femme m'y autorise, je l'intitulerai *L'Âge auquel on ne meurt pas*. »

Ils étaient assis dans la petite pièce donnant sur la

1. Petit cadeau que les Japonais ont coutume d'offrir à leurs proches au retour d'un voyage.

bibliothèque que M. Suzuki avait aménagée en un espace informel où l'on pouvait parler et boire un thé, en attendant la cafétéria qui ouvrirait d'ici quelques mois.

« Quel titre intense ! commenta gentiment le gardien, du coin cuisine de la pièce.

— Le seul possible, à mon avis. J'y parlerai de la perception du danger, qui est absente chez les jeunes : à un certain âge, ils sont incapables de comprendre qu'ils ne sont pas invincibles et qu'à faire des conneries, tôt ou tard, on risque sa peau. »

C'était un homme robuste, avec un gros ventre et des lunettes à large monture carrée. Logorrhéique et impatient, il parlait sans reprendre sa respiration et terminait ses phrases en apnée. Alors il respirait un grand coup et il reprenait.

« Vous vous rappelez la vidéo de ces deux jeunes crétins qui se sont jetés dans le fleuve en plein typhon, l'année dernière à Hiroshima ?... En caleçon sur un canot pneumatique... Oui, un de ces canots qu'on utilise à la plage en vacances – quand on y met les petits enfants, ils font tout de suite pipi dedans, vous voyez ? »

Perplexes, Yui et Takeshi échangèrent un long regard.

« Mais non, aucune raison que vous l'ayez vue ! C'est un spectacle indigne : rien qu'à l'imaginer, on devient fou, alors figurez-vous regarder ça du début à la fin... Quoi qu'il en soit, l'un de ces crétins était mon fils, Kengô. »

Le lendemain, Yui et Takeshi chercheraient, chacun de son côté, les images montrant deux jeunes garçons, l'un aux cheveux décolorés, l'autre noir corbeau, en caleçon sur un canot pneumatique, qui s'esclaffaient en fixant l'ami qui les filmait d'en haut. La scène ne durait que quelques secondes car aussitôt le courant les emportait, les entraînant hors du cadre. La vidéo répétait la séquence trois ou quatre fois en alternant avec des vues du fleuve et des dégâts provoqués par le typhon sur les habitations de la zone, puis le journaliste racontait qu'après plusieurs heures de recherches (compliquées par les conditions météorologiques défavorables) une caméra sous-marine avait permis de repérer les jeunes garçons au fond du fleuve.

« Disloqués comme des pantins, avait dit l'homme. Les poissons avaient commencé à les attaquer. Kengô avait même un crabe dans les cheveux. »

Takeshi et Yui, qui jusque là n'avaient échangé que des textos, décidèrent de s'appeler. Tous deux étaient très touchés, pensant à toutes les fois (des dizaines ? des centaines ?) où ce père devait avoir visionné ces images en passant du désespoir à l'incompréhension et à la colère, pour finir, accablé d'un chagrin inhumain, par se consoler à l'idée qu'au moins son garçon s'était amusé.

« Quel petit couillon, franchement ! Comment peut-on croire qu'on va s'en tirer dans de telles conditions ? » reprit l'homme, ce jour-là à Bell Gardia. La mort des deux autres – celui qui avait échappé à la noyade s'était suicidé par la suite – l'avait aidé à accepter celle de son fils. Non parce qu'il souhaitait du mal à ces garçons, mais parce que ainsi aucune des trois familles n'avait eu à se reprocher une éducation ratée.

La sienne, très stricte, avait opposé à Kengô une stratégie pleine de *non.* Les parents de Kôta – l'ami noyé avec lui – s'étaient au contraire montrés très permissifs, convaincus que grâce aux *oui*, leur fils trouverait sa voie sans avoir besoin de les contredire. Quant au troisième, Katsuhiro, d'un caractère très différent de celui de Kengô et de Kôta, lui qui n'avait pas retenu ses amis et les avait même poussés à aller plus loin, il n'avait pas surmonté la honte d'être en vie.

« Qu'ils meurent tous les trois nous a convaincus que rien de ce qu'on aurait pu faire n'aurait changé quoi que ce soit : ça devait se terminer comme ça. C'est la fatalité. »

L'homme martela, d'un ton amer : « Un seul coup de folie suffit, un seul, comme on en a tous, plus ou moins graves, quand on est jeunes… »

De la malchance, beaucoup de malchance. Lui aussi avait fait l'imbécile autrefois. Et eux ? Bien sûr, Yui et Takeshi aussi avaient commis des imprudences dans leur jeunesse, non ? Et ils s'en étaient bien tirés, n'est-ce pas ? Eh bien, ils avaient eu de la chance, seulement de la chance.

« Au début, j'avais honte de dire la vérité. Ici à Bell Gardia, les gens pleurent des personnes mortes sans l'avoir cherché, qui auraient tout fait pour éviter le danger. Mais c'est le destin, et la vie est faite de hasards. »

S'il leur en avait laissé le temps, M. Suzuki, Yui ou Takeshi lui auraient glissé quelques mots de réconfort, mais l'homme ne supportait pas le silence.

« Moi, je balance tout ça dans le combiné, et même pire, reprit-il aussitôt. Je ne me censure pas. Je lui dis qu'il s'est comporté comme un âne. Je parle, je parle, et rien ne se passe, que du silence. Mais ensuite, la nuit – oh, je sais bien que ça a l'air absurde –, je rêve de lui et il me répond très précisément. J'entends ses répliques en décalé. »

Yui le crut ; elle se souvint du rêve qui l'avait visitée une année entière, celui de reconcevoir sa fille. Takeshi se rappela les leçons qu'il donnait à Hana en dormant et lui aussi le crut sans peine.

« Ça n'a rien de rationnel, je le sais, mais moi qui ne me suis jamais souvenu de mes rêves, à présent c'est ainsi que je dialogue avec mon fils, en songe. *Dialogue* n'est pas le bon terme, d'ailleurs. Chacun parle à son tour, et donc on ne se dispute plus, et on a le temps de réfléchir à ce qu'on se dira la fois suivante. »

Derrière le comptoir, M. Suzuki s'essuya les mains. Il apporta le pot d'eau bouillante à table et dit que c'était une bien belle chose que le dialogue, quelle que soit sa forme.

« Pour vous dire, aujourd'hui, je lui ai raconté que sa mère avait retrouvé un cahier de dessin de l'époque où il était en primaire. »

L'homme sortit son téléphone de son sac et chercha une photographie. Au centre du dessin, le petit Kengô avait les bras grands ouverts qui dépassaient de la feuille. Et au beau milieu de ce généreux câlin, ils étaient tous là, avec leur maison et même la Terre, que l'enfant avait dessinée plus petite que son visage, et coloriée en bleu.

Sa femme avait accroché ce dessin dans la cuisine, où elle pouvait le contempler en préparant le dîner ; chaque fois qu'il le regardait, dit l'homme, il se redécouvrait père et s'attendrissait.

« On reste parents, même quand nos enfants ne sont plus. »

20

Deux choses que découvrit Yui en cherchant le mot « câlin » sur Google le lendemain

Au cours d'une étude menée par l'Advanced Telecommunications Research Institute International de Tôkyô (ATR), on a demandé à un certain nombre de personnes de s'entretenir pendant quinze minutes avec leur partenaire ou conjoint ; au terme de ces discussions, certains ont reçu un câlin et d'autres non. L'étude a mis en évidence un abaissement significatif de cortisol (l'hormone du stress) dans le sang des sujets qui avaient bénéficié d'un geste tendre.

Dans une citation devenue célèbre, la psychothérapeute américaine Virginia Satir (1916-1988) affirme ainsi : *We need four hugs a day for survival. We need eight hugs a day for maintenance. And we need twelve hugs a day for growth*[1].

1. « Il nous faut quatre câlins par jour pour survivre. Huit pour fonctionner. Et douze pour nous épanouir. »

21

Sur la route du retour, ce soir-là, Takeshi se montra plus loquace qu'à l'ordinaire. Le récit de ce père l'avait beaucoup ému. Il avait remarqué les plaques de psoriasis aux jointures de ses doigts, sur ses coudes et derrière ses oreilles, qu'il grattait fréquemment. Il diagnostiqua chez cet homme un état de stress qui nécessiterait un long cycle de thérapies.

Au volant, Yui se taisait.

Quand la nuit tombait, le paysage alentour semblait se fondre en un vaste agrégat de ténèbres que salissait la lueur blême des phares et des réverbères. Yui n'aimait pas le regarder. Les feux des voitures qu'ils croisaient la mettaient vaguement mal à l'aise.

Takeshi lui dit qu'il serait incapable d'écouter toutes ces histoires, comme M. Suzuki le faisait, qu'une chose était de le faire une fois par mois et une autre tous les jours.

À la sortie du tunnel, la route s'étirait au milieu d'une large vallée. Yui contempla au loin les montagnes qui se dressaient, abruptes, de part et d'autre.

« À propos de câlins, tu sais ? Du dessin de son fils… »

Yui acquiesça sans quitter la route des yeux.

« Hana fait semblant de dormir pour que je la câline. »

Yui tourna la tête vers lui une seconde, le temps de lui montrer qu'elle l'écoutait.

« Elle fait ça quand elle est fatiguée et un peu triste. Toute petite déjà, elle le faisait. »

On peut remédier à tant de choses avec un câlin, pensa Yui. *Ça remet tout d'aplomb, jusqu'aux os.*

« Elle refuse les câlins sinon ?

— Non, mais elle est un peu réservée. Comme si elle avait honte d'en avoir besoin. »

En un éclair, Yui sentit les petits bras de sa fille enserrer ses jambes, sa joie empressée entraver sa marche. « Tu vas me faire tomber, tu sais, lui disait-elle, fais attention ! »

Elle dut serrer les dents pour ne pas pleurer.

Ces derniers temps, le chagrin des autres lui était plus pénible. Elle souffrait et c'était déplaisant, mais elle l'assumait. Elle savait qu'au fond c'était bon signe.

« Alors j'attends qu'elle s'endorme, ou qu'elle fasse semblant de dormir, et je la prends dans mes bras, reprit Takeshi tandis qu'ils entraient dans Chiba. J'ai dit à ma mère de faire pareil quand elles sont ensemble. Ce n'est pas une femme très tactile, elle ne l'était pas non plus avec moi quand j'étais petit, mais tout de même, je crois que ça lui fait plaisir à elle aussi.

— Tu as bien fait, on n'exprime jamais assez son affection, dit Yui en songeant aussitôt que souvent, dans la réalité, banalité et vérité coïncident.

— J'ai toujours pensé que les meilleurs câlins sont ceux qu'on fait en cachette ; pour le plaisir de les faire, en égoïste.

— C'est-à-dire ?

— Écoute, quand je faisais des gardes de nuit aux

urgences, Akiko, ma femme, était endormie depuis longtemps à mon retour, ça la rendait triste et parfois, au réveil, il arrivait qu'on se chamaille : elle disait que même si nous étions mariés, elle passait son temps toute seule. Si elle était vraiment fâchée, elle faisait brûler le déjeuner exprès, dit Takeshi en riant. Elle espérait peut-être que je râlerais pour relancer la querelle, mais moi, je ne bronchais pas.

— Brûler ?

— Oui, oui, j'ai bien dit brûler. Le poisson était noir d'un côté et les toasts carrément carbonisés. Eh bien, tu vois, c'est bizarre, mais les nuits où je la serrais dans mes bras pendant son sommeil, sans la réveiller bien sûr, juste parce que j'avais envie de le faire, le matin elle avait l'air de meilleure humeur.

— Et les toasts ?

— Résolument moins calcinés ! »

En rentrant à Tôkyô au petit jour, Takeshi et Yui convinrent qu'au bout du compte, ce qui nous manque le plus des personnes disparues, ce sont précisément leurs manies, leurs petits travers ridicules ou agaçants.

« Va savoir, dit Takeshi, peut-être que c'est parce qu'on a eu du mal à les accepter au début qu'on a ensuite du mal à les oublier. Parce que chaque fois que quelque chose nous énervait chez elles, on faisait la liste de toutes leurs qualités pour surmonter ça. C'est un peu comme de se répéter encore et encore : *Voilà pourquoi j'aime cette personne...* »

22

Les vengeances d'Akiko quand Takeshi rentrait tard

Faire brûler les toasts du déjeuner, cacher son jeu de clefs, se faire toute belle et, en sortant, lui refuser un baiser.

Les techniques d'Akiko pour faire la paix avec Takeshi

Le bousculer en passant, faire semblant de dormir et se laisser enlacer, faire brûler ses toasts et s'exclamer en riant : « Désolée, ils sont un peu trop grillés ! »

23

Yui n'entrait jamais dans la cabine téléphonique de Bell Gardia. À chaque voyage, pourtant, elle croyait pouvoir le faire. Elle se voyait déjà avec le combiné collé à l'oreille.

Mais en réalité, elle se bornait à flâner dans le jardin, pendant que Takeshi racontait à sa femme ce qui lui arrivait et ce qu'il espérait encore qu'il lui arriverait.

Vers onze heures du matin, ils se garaient en lisière de la propriété et saluaient M. Suzuki qui descendait l'allée à leur rencontre. Takeshi était toujours pressé de parler à Akiko : ce long trajet en voiture ne trouvait pour lui son achèvement qu'au moment où il soulevait le combiné. M. Suzuki dut remarquer cette impatience, parce que après les deux premières fois il ne les invita plus à boire le thé. « À plus tard, disait-il, en attendant, je rentre. » Ce qu'il faisait.

Takeshi se hâtait de rejoindre la cabine et refermait la porte derrière lui. Comme d'habitude, Yui s'installait sur le banc, quelques mètres plus loin, et le regardait se pencher vers l'appareil, puis faire tourner du doigt le cadran rotatif en composant un numéro connu de lui seul.

Yui apprit par cœur tous les détails des nombreux

cadres qui fractionnaient sa silhouette. Sa posture droite, ses jambes longues et déliées aux genoux fins ; l'été, quand il portait des chemisettes, la nuée de grains de beauté sur ses bras. Sa tignasse grisonnante mais drue et son expression joviale. De tous ces tableaux, son préféré était celui où elle voyait sa main libre qui pianotait sur la tablette. *Quelle musique a-t-il donc en tête ?* se demandait-elle, curieuse.

Avec le temps, elle dut s'avouer que cette silhouette lui inspirait une tendresse infinie ; et qu'il fallait qu'elle se retienne pour ne pas éprouver davantage que cela.

Quand Takeshi avait fini, ils rejoignaient M. Suzuki et, s'il n'avait rien de plus urgent à faire, ils buvaient ensemble un thé à la menthe ou un *hôjicha*[1], et mangeaient l'un des éclairs à la banane qu'ils avaient coutume d'apporter de Tôkyô. Ils s'informaient des activités de la bibliothèque, des e-mails reçus et des publications qui commençaient à paraître au sujet de la magie de cet endroit.

« Un professeur de Harvard a inclus le Téléphone du Vent dans ses cours de psychologie clinique.

— C'est vrai ?

— Oui, il paraît qu'il viendra visiter Bell Gardia l'été prochain. Il voudrait publier un article dans une revue américaine.

— Félicitations, monsieur Suzuki, quel honneur !

— Oui, vraiment, félicitations ! »

Au fil de la conversation, Yui finissait par se taire, elle s'inclinait puis quittait la pièce. Elle se réservait un moment pour flâner seule dans le jardin ; alors, personne ne bronchait mais les deux hommes espéraient que cette fois serait la bonne.

1. Thé vert torréfié.

Yui se contentait pourtant de déambuler parmi les fleurs et les plantes, se laissant bercer et bousculer par le vent, ce vent qui soufflait comme un chiot tire sur sa laisse, tant sa joie d'être en vie est immense.

Le courage d'entrer dans la cabine pour parler à sa mère et à sa fille lui manquait toujours ; devant la porte, ses forces l'abandonnaient. Malgré elle, elle avait survécu, même sans elles, elle y arrivait.

Dans les trains de Tôkyô, pendant les correspondances, elle ébauchait des discours, des questions à poser à sa fille ; en sortant de la radio, elle s'imaginait raconter à sa mère le déroulement de l'émission, avec cet expert qui répétait *donc* à tout bout de champ et cet auditeur qui, de toute évidence, les avait appelés, assis sur le siège de ses toilettes. Des anecdotes légères, comme ce nouveau collègue qui l'avait invitée à sortir, ce qu'elle avait refusé : « Il est sympathique, maman, et plutôt séduisant, mais il lui manque quelque chose, comment dire, une certaine complexité peut-être. À la longue, il ne me comprendrait pas. »

Mais ensuite, Yui ressassait le souvenir de cette matinée où pour la dernière fois elle avait vu sa mère et lui avait confié sa fille, en coup de vent parce qu'elle devait aller à l'autre bout de la ville faire renouveler son permis de conduire.

Elle se rappelait bien la tenue de la petite, puisque c'est elle qui l'avait habillée. Mais celle de sa mère ? Quels vêtements avait-elle mis ce jour-là ?

Si, au cours des semaines passées dans ce gymnase d'école primaire, Yui avait disposé d'un Téléphone du Vent, elle lui aurait sans aucun doute demandé : « Qu'est-ce que tu portais ce matin-là, maman ? Une jupe ou un pantalon ? De quelle couleur ? Avec quel motif ? Il faut que je le sache, que je puisse le dire à la police, et vite, pour qu'on te reconnaisse quand on te retrouvera, parce que tes papiers sont dans ton sac, et qui sait où il a bien pu passer. »

Chaque fois qu'ils montaient vers Bell Gardia, Takeshi l'encourageait : « Tu veux y aller d'abord ? », mais Yui souriait et baissait les yeux.

Puis elle partait flâner, méditative, dans le jardin, assaillie par le vent.

Au bout d'une année, Yui commença à se demander si elle y parviendrait un jour ; si elle pourrait jamais soulever le combiné et parler dans le vent.

24

Ce que portaient la mère et la fille de Yui le matin du 11 mars 2011

Sa mère : une veste beige ceinturée à la taille, un pantalon noir, une chemise blanche sous un pull léger au col en V à rayures horizontales blanches et marron clair, des mocassins noirs à franges, une chaînette avec un pendentif gravé du nom de Yui.

Sa fille : une courte jupe verte sur un legging noir, un sweat blanc avec deux oursons, l'un sur la poche de droite, l'autre dans le dos, faisant coucou de la patte. Des socquettes de la Chenille qui fait des trous, des tennis blanc et rose avec une bande réfléchissante.

25

Au fil des mois, ils se rapprochèrent du gardien de Bell Gardia, M. Suzuki apprit leur histoire et en mémorisa les noms et la géographie : tous deux habitaient Tôkyô ; elle travaillait à la radio, il était chirurgien ; il avait encore sa mère et une fille de trois ans, elle n'avait plus personne ; ils s'étaient rencontrés là et s'étaient liés d'amitié. D'une visite par mois au début, ils allaient passer à deux par an pendant les trente années suivantes, même quand il ne serait plus là.

M. Suzuki avait compris avant la fin de la première année qu'ils étaient en train de tomber amoureux, mais il ne le dit à personne. Il avait coutume de répéter à sa femme : « L'amour, c'est comme la thérapie, ça ne fonctionne que quand on y croit.

— Et surtout, concluait son épouse, si on se sent prêt à y travailler. »

Yui et Takeshi s'engagèrent à participer aux activités de Bell Gardia quand celles-ci avaient lieu les jours où ils avaient prévu de venir. Ils contribuèrent aussi, modestement, aux levées de fonds pour la tenue de séminaires dédiés à la formation de médecins et de thérapeutes : des journées d'étude qui rassemblaient nombre de participants venus de toutes les régions du Japon. On y traitait de la gestion du deuil dont dépendaient la santé et le bonheur de communautés entières. Yui évoquait ces rencontres à la radio. Elle était convaincue que Bell Gardia *fonctionnait*, et que d'autres qu'elle-même trouveraient un peu de réconfort sur la colline d'Ôtsuchi.

Avec le temps, Yui et Takeshi découvrirent que le Téléphone du Vent était un outil dont chacun usait à sa façon ; que les deuils se ressemblent tous et en même temps pas du tout.

Beaucoup ne venaient là que pour pleurer. Certains voulaient consoler un défunt disparu sans sépulture, au fond de la mer ou dans l'un de ces nombreux ossuaires remplis par les guerres. Une mère qui avait perdu ses trois enfants pendant le tsunami, ne pouvant se résigner au silence, parlait encore et encore pour combler ce vide. Un petit garçon passait tous les soirs lire le journal à son grand-père ; une petite fille demandait à son chien comment c'était l'au-delà ; un écolier venait saluer l'un de ses camarades qui pourtant n'était pas mort, mais qu'il ne voyait plus depuis que ses parents avaient dû rentrer en Chine – leurs jeux lui manquaient tant.

En fréquentant cet endroit, on comprenait un peu mieux comment fonctionnaient les autres.

Tous les morts n'étaient pas regrettés, cependant. Certains haïssaient leurs défunts, et n'acceptaient pas que leur punition ait ainsi pris fin. Ils leur reprochaient leur lâcheté : « Alors comme ça, tu t'es enfui en me laissant ce foutoir sur le dos, et c'est à moi d'assumer le poids de toutes tes erreurs ? » Les suicides, surtout, étaient rarement pardonnés : les femmes accablaient leurs maris et les maris leurs femmes ; les enfants, en particulier les jeunes, étaient les plus féroces.

Takeshi en vint à penser que si la mort avait un

visage, c'était le fait des rescapés, des survivants ; sans eux, elle n'eût été qu'un vilain mot – vilain mais somme toute plutôt inoffensif.

Yui développa quant à elle une théorie originale : certaines personnes vivaient une sorte de dissociation corporelle et ce, depuis le berceau. Il leur fallait lutter pour maintenir ensemble tous leurs morceaux. Yui visualisait clairement leurs jambes, leurs pieds, leur foie, leur rate, le tout contenu dans leurs bras, comme les pièces du jeu du *Docteur Maboul*. À un moment donné, néanmoins, quelque chose s'apaisait : elles tombaient amoureuses, fondaient une famille, obtenaient un travail gratifiant, une belle carrière et semblaient se ressaisir. Mais en réalité, c'était parce qu'elles avaient décidé de confier certaines parties de leur corps à des parents ou à des amis chers, comprenant qu'on ne peut pas se suffire à soi-même et qu'il faut bien se reposer un peu sur les autres ; se décharger d'une vessie ou d'un crâne tombe alors sous le sens si l'on veut réussir à faire quelque chose de sa vie…

Et ensuite ? Que se passait-il ? Eh bien, d'après Yui, c'était une question de chance. Car si l'une de ces personnes perdait un proche qui avait la garde d'un morceau essentiel, il n'était plus possible de défaire le lien qui les unissait. Leur équilibre disparaissait avec le défunt.

Yui était persuadée d'être ainsi faite. Avant de mourir, sa mère s'était chargée de ses intestins et sa fille d'un de ses poumons. Voilà pourquoi elle respirerait et digérerait désormais avec difficulté, quelle que soit la quantité de bonheur qui lui échoirait.

Pourtant, elle se trompait ; et si elle lui avait exposé cette théorie, Takeshi le lui aurait expliqué.

Car l'amour est un véritable miracle. Même le deuxième, même celui qui survient par erreur.

26

Parties du corps de Yui confiées à d'autres au fil des années

L'auriculaire de sa main droite à sa voisine de pupitre à l'école primaire

(rendu en bon état six ans plus tard)

Son pied gauche à sa meilleure amie au collège, auquel vinrent s'ajouter le pied droit puis les deux jambes, quand elles entrèrent ensemble au lycée

(*rendus après le départ et l'installation de celle-ci aux États-Unis)*

Son sein droit, sa vessie et l'intérieur de ses joues au père de sa fille

(*qui les délaissa, et comme ils lui manquaient trop, elle les lui reprit*)

Son épine dorsale à la rédaction de la radio où elle travaillait

(*toujours en dépôt*)

Son cœur à son père

(*rendu abîmé quand ce dernier se remaria ; il mit des années à guérir, dès lors elle ne lui confia plus rien*)

27

Quand Shio commença à lire la bible de son père, il n'y trouva d'abord que des noms. Une longue kyrielle de noms qui, lus à haute voix, semblaient n'être rien d'autre que des sons ; l'écho de tous les êtres humains du monde, se dit-il, ceux qui avaient été et ceux qui seraient un jour. Quant aux nombres, jamais il n'aurait pensé qu'ils puissent être aussi puissants.

Ces listes pouvaient paraître terriblement ennuyeuses et pourtant, telle une épopée, elles ravissaient Shio qui se les récitait aux toilettes où il se retirait pour réfléchir en paix. À force de les répéter, elles lui faisaient l'effet de formules magiques.

Dans son esprit, il les associait à un banc d'algues assez dense pour entraver le passage d'une barque. Quand, sans réfléchir, il en psalmodiait une demi-page, il s'imaginait, avec ce dégoût que le contact des algues lui avait toujours inspiré, les pieds plongés dans cette horreur. Jamais il ne pourrait devenir pêcheur comme son père. Il l'avait su dès l'enfance, d'instinct.

Dans la Bible, il est question de bergers et de pêcheurs, de bêtes menées dans les vallées avec l'aide d'un chien et d'un bâton, et surtout du miracle que c'est de relever ses filets et de les trouver remplis de poissons. Shio se demandait si c'était pour cela que son père vénérait ce livre : d'une certaine manière, la Bible parlait de lui, un pêcheur, non de poissons mais d'algues.

Depuis l'enfance, les toucher le faisait grincer des dents. Il éprouvait une répugnance extrême à les sentir s'entortiller autour de ses mollets quand il devait entrer dans l'eau pour rejoindre la barque de son père, ou quand ses amis le défiaient à la nage et qu'il devait franchir leur barrage gluant en se répétant : *Encore quelques mètres et je serai au large*, ou bien : *Encore quelques mètres et j'atteindrai le rivage* ; plutôt que de les effleurer, il préférait de loin plonger des rochers au risque de s'y briser les os.

Il détestait tout en elles : elles puaient le poisson sans toutefois en être, leur aspect était putride et leur couleur malsaine, elles avaient la « consistance de la morve », avait-il coutume de dire quand il était enfant. Même leur goût était infect. Son petit frère connaissait son point faible et, quand il voulait se venger de quelque tort subi, il lui jetait des algues au visage.

Mais pour son père, les algues étaient toute sa vie. Il les ramassait chaque jour avec sa barque et les rapportait sur la plage où il les étendait sur de longs séchoirs en bois fichés dans le sable. La mère de Shio et ses deux sœurs faisaient le reste : une fois sèches, les algues étaient emballées avec soin et expédiées dans tout le Japon pour y être vendues dans les boutiques et sur les marchés.

Après avoir perdu son père, Shio s'efforça de surmonter sa détestation. Il s'y escrima de tout son être, s'offrant même de le remplacer sur sa barque pour aller les pêcher. *L'habitude ajuste tant de choses*, se disait-il, *on s'habitue à tout*.

Une semaine lui suffit pour comprendre que si l'on peut en effet s'adapter à bien des situations, côtoyer quotidiennement ce que l'on hait rend la vie impossible. On y laisse sa peau, ça n'en vaut pas la peine.

Il abandonna la pêche pour étudier la médecine mais, décidé à rendre hommage à son père, il se jura d'apprendre par cœur le livre mystérieux, toujours posé sur sa table de chevet, que ce dernier avait lu chaque jour des années durant : la sainte Bible.

Il n'était pas croyant et ne pensait pas le devenir. D'ailleurs, son père l'avait-il jamais été ? Non, il fallait plutôt aborder ce texte comme un manuel, un recueil de leçons de vie émanant d'une culture lointaine, si lointaine qu'on la comprendrait difficilement tout à fait. Et cependant d'une beauté à couper le souffle.

Il feuilletait ces pages usées, pointait un passage au hasard et commençait à lire ces listes interminables de noms, de nombres et d'histoires. Et chaque fois il pensait à son père, à la façon absurde dont il avait disparu.

Le jour du tremblement de terre de mars 2011, au large d'Ôtsuchi, le monde s'était fracassé. Tel un tapis brutalement repoussé contre un mur, la mer avait formé des plis vertigineux, projetant le bateau du père de Shio sur le rivage. Mais le rivage avait déjà disparu.

Porté par cette effroyable masse liquide, il avait atteint le bourg, passant au-dessus de routes qu'il avait parcourues le matin même à vélo, d'édifices dans lesquels jadis il était entré, de bâtiments où ses proches avaient vécu ou travaillé : le vieux dentiste qui soignait ses caries lorsqu'il était enfant, le coiffeur qui, après son shampoing, lui massait la tête avec délicatesse…

L'embarcation avait ainsi franchi une distance hallucinante et fini par s'échouer au sommet d'un immeuble, lui-même éventré par l'eau et par les détritus. Elle était restée perchée là, miraculeusement intacte. Mais malgré l'équilibre relatif que cette posture grotesque laissait supposer, après son monstrueux voyage de la mer à la terre, le père de Shio avait été retrouvé gisant à l'intérieur, coupé en deux.

Yui et Takeshi fréquentaient Bell Gardia depuis deux ans quand, un été, ils firent la connaissance de Shio.

C'était un jeune homme mince, à l'air concentré et intelligent. Il portait les cheveux ras, par commodité, et souvent un masque accroché à ses petites oreilles. On n'apercevait sa bouche que lorsqu'il buvait son thé et l'on remarquait alors sa dent de devant cassée et le pli amer de ses lèvres. Jamais il ne se séparait de sa besace, dont ils apprendraient bientôt qu'elle contenait une édition ancienne de la Bible qui avait appartenu à son père.

Depuis trois ans et demi, Shio venait à Bell Gardia pour lui parler. Il y passait toutes les deux ou trois semaines, souvent au même moment que Yui et Takeshi.

Tous ses après-midi et toutes ses soirées il travaillait à l'hôpital où il était interne, mais le dimanche matin il se réservait deux heures pour se rendre au Téléphone du Vent et se découvrir chaque fois plus conscient – et plus furieux – de ce qui lui était arrivé.

M. Suzuki connaissait ses rituels par cœur et, de loin, il le suivait des yeux tandis qu'il arpentait le jardin, parmi les campanules en été et les *higan-bana* au début de l'automne, se perdant dans la contemplation de la mer. Comme Yui, Shio aimait observer le vol des libellules qui chevauchaient le vent pendant ces journées d'août et de septembre et, emplissant ses poumons d'air saumâtre, il comptait les fleurs.

Ces balades lui rappelaient les herbiers confectionnés avec sa mère, les feuilles glissées entre les pages des livres qu'elle lisait et gardait dans son sac ; aujourd'hui encore, il lui suffisait de feuilleter un ouvrage pris au hasard dans la bibliothèque familiale pour y trouver une violette aplatie ou les cinq doigts rougeâtres d'une feuille d'érable du Japon.

Mais ce que Shio aimait par-dessus tout, c'était contempler, de cette éminence, les bateaux amarrés au port. Quand la mer était agitée, la danse sans fin des proues, s'élevant pour mieux replonger, le fascinait. Il lui semblait les voir opiner mécaniquement, telles ces infirmières qui cherchent à rassurer les patients, sans toutefois leur accorder trop d'attention : « Oui oui, vous avez raison », « Oui oui, mais je vais vous expliquer comment ça va se passer », « Oui oui, je comprends, eh oui », « Maintenant, levez-vous gentiment, donnez-moi le bras, ouvrez la bouche, comme ça ». Cette manière impersonnelle d'agir, indifférente à l'âge des personnes comme à leur personnalité, attristait profondément Shio.

Les nombres, on n'y échappait pas. À l'hôpital, on n'était plus qu'un nom flanqué d'un numéro, comme dans les généalogies bibliques. Il en venait à douter d'être taillé pour passer sa vie entière à cet endroit.

Un matin qu'ils se trouvaient par hasard tous réunis à Bell Gardia, il évoqua ce sujet et Takeshi abonda dans son sens. À Tôkyô aussi on constatait cela ; d'ailleurs, dans l'hôpital de province où travaillait Shio, on était probablement plus humain car tout le monde s'y connaissait. Hélas, plus la charge de travail était lourde, moins il y avait moyen de traiter les patients avec égard ; simplement parce que prêter attention à chacun brise la routine, et que sans routine à la longue on s'épuise.

Yui trouvait Shio brillant et doté d'une sensibilité rare. En le regardant, Takeshi se revoyait au même âge quand travailler aux urgences, courir d'un patient à l'autre et rentrer chez lui éreinté après deux pauvres heures de repos sur un lit de camp, lui semblait être la meilleure façon d'œuvrer à servir l'humanité.

Ils devinrent amis. Takeshi s'efforça de toujours lui consacrer au moins une heure pour l'écouter et répondre à ses questions. Souvent, ils se retrouvaient au restaurant et, tandis que Yui dégustait ses oursins en les priant de ne pas s'occuper d'elle, Takeshi et Shio ouvraient d'épais manuels de médecine constellés de Post-it et d'annotations du jeune homme, et ils discutaient.

Le sachant orphelin, Takeshi prenait son rôle très au sérieux. Il voulait l'aider, mais comment ? Quand Shio évoqua une bourse pour aller étudier à Tôkyô l'année suivante, il se dit qu'il pourrait faire quelque chose de concret pour lui. Il rassembla de la documentation sur les différentes universités où postuler. « Que penses-tu de celle-ci ? Et celle-là ? » Il lui montrait les fascicules qu'il était allé chercher exprès pour lui un peu partout dans la capitale et les étudiait avec lui. « Et ta spécialisation ? Tu y as pensé ? » C'était une décision importante qui orienterait toute sa carrière. Et puis, quel médecin souhaitait-il devenir ? Un praticien proche de ses patients ou un chercheur publiant des articles dans des revues ? À ce propos, maîtrisait-il l'anglais ? C'était un outil essentiel, incontournable.

Des siens, Shio ne disait jamais rien. Il ne parlait que de ses études et de ce qu'il voyait tous les jours à l'hôpital, dans la rue, à la cantine. Il s'enthousiasmait à chaque suggestion de Takeshi. Il voulait changer de vie, il voulait partir de là !

Yui et Takeshi n'apprirent la vérité sur son père qu'un an plus tard.

28

Trois exemples de découvertes que fit Shio dans des livres de sa mère

1) Page 56 du livre de Mieko Kamiya, *Ikigai ni tsuite* (Tôkyô, Misuzu Shobô, 1966) : une feuille d'érable.

2) Page 20 du livre de Yôko Ogawa, *Otogibanashi no wasuremono*, illustré par Kumiko Higami (Tôkyô, Shûeisha, 2006) : deux aiguilles de pin.

3) Pages 5, 33 et 50 du catalogue de Tetsuya Ishida, *Tetsuya Ishida – Complete* (Tôkyô, Kyûryûdô, 2010) : deux violettes, une fleur d'*higan-bana*, une aile de cigale.

Note : Le vrai nom de Shio était Shiori. Mais un jour, au lieu de sucrer le chocolat chaud que sa mère lui avait préparé, il le sala et dès lors tout le monde l'appela Shio, 塩, « sel ».

29

Shio soulevait le combiné et disait « papa ». Il commençait par lui demander comment il allait, ce qu'il faisait et ensuite pourquoi il était resté *là-bas*. Son frère restait cloîtré dans sa chambre qui était une vraie porcherie, et ses tantes étaient vraiment étouffantes (gentiment, mais sans trêve, elles le pressaient de leur dire ce qu'elles pouvaient faire pour qu'il aille mieux ; mais lui, qu'en savait-il ?) Il était temps que son père revienne. Tout seul, Shio n'y arrivait plus.

Otôsan[1], « père », « papa » : il l'appelait, le suppliait en répétant cette formule qui, à force, semblait se vider de son sens. Il arrivait même qu'il l'insulte.

« Il l'insulte ? Comment le savez-vous ?

— Il me l'a dit », répondit M. Suzuki le jour où Takeshi lui parla des papiers qu'il fallait réunir pour la demande de bourse.

« Quelle bourse ? s'étonna le gardien. Pour étudier où ? »

Takeshi lui expliqua que Shio avait enfin décidé dans quelle faculté de médecine il voulait se spéciali-

1. Terme respectueux signifiant « père » quand on parle de la famille de quelqu'un d'autre.

ser. La bourse couvrait entièrement les frais d'inscription, la pension et la location d'une chambre.

« Vraiment ? Shio ? À Tôkyô ? » M. Suzuki tombait de la lune.

« Oui, oui », lui confirmèrent Yui et Takeshi en chœur. Ce dernier ajouta qu'il avait toutes ses chances de l'obtenir. Ses notes étaient excellentes et, même si c'était malheureux, le fait d'être orphelin jouerait en sa faveur.

« Shio n'est pas prêt à s'éloigner d'ici, répliqua M. Suzuki.

— Mais ça va faire trois ans, intervint Yui en prenant garde de ne pas formuler de jugement.

— Non, je ne parle pas de la mort de sa mère : il s'en est plus ou moins remis. C'est à cause de son père. Cet homme a encore besoin de lui et Shio n'arrive pas à le laisser tomber. »

Le laisser tomber ? Comment cela ? Troublé par cette réponse obscure, Takeshi se figea, attentif.

C'était assez rare, mais cela arrivait, selon M. Suzuki. Parmi les visiteurs de Bell Gardia, certains ne venaient pas parler aux morts, mais aux vivants.

Yui et Takeshi échangèrent un regard effaré. Oui, ils avaient bien compris : le père de Shio n'était pas mort. M. Suzuki avait même eu l'occasion de le rencontrer, la seule fois où le garçon l'avait traîné jusque-là, dans une tentative désespérée de lui faire recouvrer ses esprits.

Ce 11 mars 2011, le père de Shio avait mis le cap au large pour passer par-dessus le tsunami et éviter de se fracasser sur les côtes. Mais la vague était si haute que son bateau avait été projeté dans la ville, s'échouant de manière grotesque au sommet de cet immeuble, tel un trophée. Des années plus tard, cette image était devenue l'un des clichés emblématiques de la catastrophe.

Les énormes rouleaux avaient déferlé et l'embarcation s'était élevée vers le ciel avant de retomber en piqué. Plus tard, on lui décrirait l'expression de terreur folle sur son visage. Il n'était pas seul sur son bateau ce jour-là : il y avait une femme avec lui.

Ce n'était pas la furie initiale du tsunami qui lui avait fracassé l'âme mais, au fil des heures, le remous incessant des flots et ce silence qui écrasait la baie. Parmi les débris aspirés au large, le père de Shio distinguait des dizaines de corps, des cadavres lardés de morceaux de bois ou désarticulés, comme sur certains tableaux, aux yeux hagards de soldats tombés au champ de bataille.

Recroquevillée dans la cabine de son bateau, la femme le suppliait de rentrer avec elle, parce que certaines choses restent à jamais gravées dans la mémoire. Mais il lui répondait que des gens mouraient tout autour, ils se noyaient comme des fourmis et s'il pouvait repêcher l'un d'eux, ne fût-ce qu'un seul, il devait le faire.

Il avait tenté, en vain, d'agripper avec une canne à pêche et un filet un garçon à la tête ensanglantée, vêtu du même uniforme de lycéen que son fils. Il avait pressé les deux mains sur ses yeux pleins de larmes après avoir vu une mère et son bébé à l'intérieur d'une des voitures à demi immergées, ballottées sur les vagues par dizaines, par centaines, où tant de personnes s'étaient retrouvées piégées.

Les heures passant, aux yeux du père de Shio, les humains avaient pris l'aspect de créatures marines : les vieillards aux membres secs devenaient des crabes, les hommes entraînés par le courant, avec leurs bouches béantes, des poissons-loups. Maisons et échoppes affleuraient comme autant de récifs, de radeaux auxquels s'accrocher pour échapper à la noyade.

Le pire de tout, c'est qu'il n'avait sauvé personne, pas même cet homme qui s'était écrasé contre la coque de son bateau et qui, jusqu'au dernier moment, avait tenté de grimper à bord.

Quand il l'avait vu, le père de Shio lui avait trouvé un air familier. Il devait avoir la cinquantaine, et il était entièrement trempé, sauf le sommet de son crâne, où une touffe de cheveux encore secs témoignait de son acharnement à ne pas sombrer.

« Allez ! » lui avait-il crié plusieurs fois. Mais l'autre n'avait pas prononcé un mot, ni quand leurs doigts s'étaient agrippés un instant, ni quand le père de Shio, terrorisé à l'idée de tomber à son tour, avait lâché prise. Et alors que, englouti par la mer, l'homme disparaissait derrière la carcasse d'une maison qui tournoyait en se désagrégeant, le père de Shio s'était souvenu de lui. C'était le propriétaire de la boulangerie où il passait tous les samedis après-midi avant de rentrer chez lui. Celui qui clamait joyeusement qu'il faisait le meilleur pain melon de tout le Japon.

Une légende disait que le père de Shio avait cru voir passer le cadavre de sa femme ; ou qu'il l'avait effectivement vu et que le remords l'avait détruit.

En réalité, c'était son impuissance qui l'avait anéanti. L'autre femme avait raison : il y a des choses qu'on n'oublie jamais.

De ce jour-là, il était tombé en catalepsie. Il s'était transformé en algue. L'une de ces algues qu'auparavant il effilait et accrochait de part et d'autre des pieux de bois pour qu'elles sèchent au vent. Son corps était intact, mais sa tête n'était plus là.

Désormais, Shio utilisait le Téléphone du Vent pour parler à son père, qui était vivant et habitait sous le même toit que lui, mais pas à sa mère qui, elle, faisait partie des disparus. Il refusait de l'appeler, convaincu qu'elle devait bien se trouver quelque part. Shio confiait en secret qu'il croyait qu'un beau jour elle reviendrait pour recoller les deux morceaux de son père. Il la soupçonnait de s'être vengée de lui pour l'avoir trompée. La meilleure part de son mari, elle l'avait emportée, disait-il.

Au cours des cinq années qui avaient suivi, aux yeux du fils, le père était devenu Noé.

« Quelle histoire terrible ! murmura Yui. N'y a-t-il pas moyen de… ? »

Elle allait dire *le réparer*, mais elle se tut.

Depuis qu'elle habitait Tôkyô, elle voyait tous les jours des personnes divaguer tels des jouets cassés, à l'écart de la foule, aux marges de la vie de millions d'autres personnes qui, elles, réglaient quotidiennement leur réveil à la même heure, s'alignaient consciencieusement sur les banquettes des trains, descendaient et montaient des wagons en parfaite synchronie, au son de dizaines de « Bonjour », « Merci d'avoir voyagé à bord de notre train », ravalaient leur salive, s'écroulaient, se relevaient au terminus et repartaient.

Puis elle repensa à l'homme au cadre et compatit, même si leurs histoires étaient très différentes.

Takeshi se tut un moment avant de parler : « Justement, prendre un peu de recul pourrait lui faire du bien. »

Il croyait ferme aux vertus de la distanciation.

« Parfois, il est utile de changer d'air, ne serait-ce que pour comprendre la situation, ajouta-t-il.

— Vous n'êtes pas les premiers à vouloir l'aider. Chaque fois, Shio se dérobe. Il commence toujours par dire oui, et ensuite il renonce. Il est persuadé que son père finira par se réveiller.

— Cela te paraît possible ? demanda Yui en se tournant vers Takeshi.

— Avec des soins adaptés, rien n'est impossible, mais cela demandera sûrement du temps… »

Ce jour-là, sur la route du retour, Yui et Takeshi parlèrent peu.

Depuis qu'ils fréquentaient Bell Gardia, ils posaient sur l'humanité un regard différent. Leur parcours avait croisé ceux de tant d'autres, brièvement, chez M. Suzuki, ou ailleurs, dans les rues d'Ôtsuchi ; mais l'existence de Shio était à présent liée à la leur.

Pourquoi le jeune homme avait-il prétendu que son père était mort ?

Sans doute parce qu'il lui semblait, d'une certaine manière, plus mort encore que sa mère ; ou parce qu'il avait honte, tout simplement, honte de son père et de sa propre réaction. Il devait espérer, en leur servant une tragédie banale, leur faire meilleure impression.

« Il nous en parlera lui-même quand le moment sera venu, dit Takeshi en rompant le silence.

— Mais oui, j'en suis certaine », répondit aussitôt Yui.

Entre eux deux, les explications détaillées semblaient de moins en moins nécessaires.

30

Le passage de la sainte Bible que Shio préférait

« Or, au bout de quarante jours, Noé ouvrit la fenêtre de l'arche et lâcha le corbeau. Celui-ci sortit, allant et revenant, jusqu'à ce que les eaux eussent séché de dessus la terre. Puis il lâcha d'auprès de lui la colombe pour voir si les eaux avaient diminué de dessus la surface du sol, mais la colombe, ne trouvant pour la plante de ses pattes aucun lieu de repos, revint vers lui dans l'arche, car il y avait de l'eau à la surface de toute la terre. Il avança la main, la prit et la fit entrer auprès de lui dans l'arche. Il attendit encore sept autres jours et lâcha de nouveau la colombe hors de l'arche. La colombe vint à lui au temps du soir, et voici qu'elle avait au bec un rameau tout frais d'olivier. Noé connut alors que les eaux avaient diminué de dessus la terre. Il attendit encore sept autres jours et lâcha la colombe ; mais elle ne revint plus de nouveau vers lui » (Genèse 8, 6-12).

31

À la naissance de sa fille, Yui avait été frappée de stupeur. Une vie, minuscule, dépendait désormais entièrement d'elle. Il fallait la nourrir, supporter ses cris, remplir le frigo, chanter des berceuses et penser aux vaccins. Elle qui pourtant manquait de sens pratique avait fait de son mieux pour s'y adapter.

Elle avait rempli soigneusement le petit cahier mère-enfant qu'on lui avait remis à la mairie bien avant la naissance de sa fille. Chaque semaine, durant sa grossesse, elle y avait noté son poids et sa tension et, quand enfin la petite était née, elle y avait inscrit : « 2 739 grammes, 47 centimètres. » Dans les notes, elle avait ajouté : « Quatre fois cinq doigts, une masse de cheveux châtains, pleure comme une forcenée. »

Tous ceux qui ont vécu un grand deuil se demandent à un moment donné ce qui, d'apprendre ou de désapprendre, est le plus difficile. Longtemps, Yui fut incapable de le déterminer, mais elle n'en doutait plus maintenant : le plus pénible était de désapprendre.

Quand la petite était morte, avec une règle et un feutre, elle avait tracé une diagonale en travers de toutes les pages vierges.

Puis elle s'était efforcée de se dépenser physiquement,

pour pouvoir compter sur son corps quand son esprit défaillait. Mais il lui arrivait encore de s'inquiéter machinalement de la date d'un rappel de vaccin ou de penser à un petit cadeau à lui faire, et elle se rendait compte que l'esprit ne renonce pas aisément à ce qu'il a un jour appris.

Avec le fragment de cordon ombilical, elle avait hésité. On lui prêtait des vertus assez puissantes pour ramener les mourants à la vie : on le faisait absorber au malade une fois pilé et transformé en poudre.

La petite boîte en bois conçue pour que le morceau de chair se dessèche sans pourrir lui avait été confiée au lendemain de l'accouchement.

Yui, pourtant très désordonnée de nature, en avait pris grand soin. Elle comptait bien la remettre à sa fille le jour de ses noces, comme le voulait la tradition.

Sans trouver le courage de l'émietter, elle avait finalement laissé choir le fragment noirci dans l'urne où les cendres de sa mère et de sa fille étaient mêlées. Elle les avait transvasées dans une seule urne pour qu'elles soient à jamais réunies, aussi proches que lorsqu'on les avait retrouvées : enlacées.

« Enlacées ? » répéta timidement Takeshi, ému, un soir qu'ils rentraient de Bell Gardia.

Les mains sur le volant, Yui acquiesça.

La journée avait été belle : ils avaient fait un barbecue avec une trentaine de personnes d'Ôtsuchi, dont sept enfants. La vieille dame au chien était passée apporter des beignets fourrés à la confiture de haricots *azuki* et parler de sa belle-fille allemande qui était enceinte. La femme de M. Suzuki avait préparé un délicieux *chirashi-sushi.* Dans l'euphorie générale, Keita avait annoncé son succès aux examens d'entrée à l'université de Tôkyô : comme sa mère avant lui, il étudierait à Tôdai.

Ce fut peut-être toute cette joie qui donna à Yui la force d'évoquer sa fille et sa mère ce jour-là, un jour anniversaire pour elle et Takeshi (« Cela fait aujourd'hui deux ans exactement que vous êtes venus ici pour la première fois, vous savez ? » leur avait dit M. Suzuki en leur montrant le cahier sur lequel il enregistrait les visiteurs du Téléphone du Vent).

« Oui, elles étaient enlacées. »

Quand le centre d'informations lui avait annoncé qu'on avait très probablement trouvé sa mère et sa fille, raconta-t-elle, et qu'il faudrait procéder à leur identification ou à un examen d'ADN, selon l'état des corps, elle avait été frappée de terreur à l'idée de les voir. Elle craignait de ne plus pouvoir se les rappeler autrement.

Cette vision devait pourtant lui apporter sa seule consolation : comme elle l'avait tant espéré, elles n'étaient pas mortes seules, mais ensemble.

« Ils m'ont dit qu'ils avaient une photo à me montrer, si je le voulais. Je leur ai d'abord demandé de me la décrire. Ils m'ont dit qu'ils les avaient trouvées enlacées et qu'elles avaient l'air vivantes ; que la scène était tragique, mais qu'elle inspirait une tendresse infinie. Ils en avaient été bouleversés. »

Oui, ils les avaient trouvées collées l'une à l'autre, comme les deux valves d'une conque.

« C'était saisissant, cette posture, je n'ai pas d'autre mot. Ma mère tenait ma fille contre elle, les mains nouées dans son dos. Elles semblaient s'être endormies comme ça. »

Quand les secouristes les avaient retrouvées, après avoir posé les doigts sur leurs jugulaires inertes, sous leurs narines noircies par la fumée, ils avaient eu la présence d'esprit d'envisager qu'une troisième personne – un fils ? une fille ? – reliait ces deux-là. Si cette personne était encore en vie, s'étaient-ils dit, elle voudrait sans doute les voir.

Ils les avaient donc prises en photo avant de les séparer l'une de l'autre.

« Ils ont bien fait », murmura Takeshi en regardant par la fenêtre. Ils approchaient de Tôkyô. Après un long passage montagneux, on apercevait à nouveau l'océan, sur leur gauche.

Quand Yui le vit à son tour, immense devant elle, elle ralentit.

Encore ? eut-elle le temps de penser en essayant d'attraper sa tablette de chocolat. Mais la nausée se fit trop violente.

« Gare-toi ici », lui lança Takeshi en lui montrant de la main une aire de stationnement un peu plus loin, comme s'il lui offrait un cadeau sur sa paume ouverte.

Yui se rua hors de la voiture, laissant les clefs se balancer sur le contact.

Elle se planta devant la mer, pour bien la regarder en face.

La voici encore, encore une fois. Elle regardait la mer et tout lui revenait.

Voici l'eau qui avance, voici les débris qui s'amoncellent comme la neige sur le bord des routes.

Voici sa bâche de deux mètres sur trois dans le gymnase, et le fou qui l'observe au travers de son cadre et qui lui donne un titre, articulant clairement : « Celle qui ne mange pas. Celle qui regarde la mer au lieu de la télé. »

Voici les corps entrevus à la morgue, des paquets

de chair dont on cherche le nom en vain ; les dents qu'on arrache à seule fin d'identification.

Et puis voici la mer, cette mer immense que Yui contemple tous les jours, agrippée à son arbre et accrochée à ce qui est plus fort que tout, à la vie qui, malgré elle, l'habite encore.

L'une après l'autre, toutes ces images remontèrent à la surface. Elles poussaient dans ses viscères pour sortir.

Et pour la première fois depuis qu'elle ressentait ces nausées, Yui ne fit rien pour retenir ce flot, qu'elle laissa jaillir.

Chaque haut-le-cœur semblait la délivrer de litres d'eau saumâtre mêlée de gravats, d'une répugnante bouillie qu'elle avait contenue des années, de peur qu'en même temps que toutes ces immondices ses souvenirs heureux ne la quittent. La joie, par exemple, qu'elle avait éprouvée à la naissance de sa fille, sa fierté de l'avoir élevée en lui disant plus souvent oui que non ; ou encore son bonheur intense de la réveiller chaque matin en la couvrant de baisers. La main de sa mère pressant son dos quand elle sortait, sa voix lui disant : *Itterasshai*[1], et ces mots qu'elle lui avait chuchotés tant de fois : « Yui, tu es vraiment une fille merveilleuse. »

Takeshi lui soutenait le front, sans rien dire. De l'autre main, il retenait sa longue chevelure noire frangée de jaune.

Quand son corps ne contint plus que de l'air, Yui s'accroupit et serra ses deux bras autour d'elle.

Elle ne pleura pas et ne quitta pas un instant la mer des yeux, convaincue, à raison, que plus jamais elle

1. « Passe une bonne journée, à plus tard. »

ne souffrirait de ces nausées qu'elle avait pourtant cru devoir subir le restant de ses jours.

Elle s'était trompée. Si les meilleures choses ont une fin, il en va de même pour les pires.

Takeshi était resté derrière elle pour ne pas lui masquer la vue. Il lui avait massé le dos de bas en haut pendant qu'elle vomissait pour faciliter le passage de cette mystérieuse matière, puis, quand elle eut fini, en sens inverse pour qu'elle inspire le vent qui n'avait pas cessé de souffler.

« J'ai de la chance, murmura Yui avec conviction quand elle se fut reprise. Moi au moins, j'ai pu les voir une dernière fois. »

D'autres avaient cherché des corps des années durant, avant de se résigner. Or, si l'on veut qu'elles aient une fin, il est nécessaire de voir les choses en face.

Avant de poursuivre le voyage vers Tôkyô, Yui posa les yeux sur la flaque malodorante qui s'écoulait à présent à flanc de montagne.

À cause, peut-être, de l'épaisse obscurité sur ce tronçon de route, elle lui parut noire et brillante, à l'image du démon des fables.

« Noir comme de la poix.

— Pour la couleur, je ne sais pas, Yui, mais…

— On se serait cru dans un film d'horreur, hein ? Avoue !

— Sérieusement, je n'ai jamais vu un patient vomir comme ça. »

De ce geyser insensé, digne d'un dessin animé, ils rirent jusqu'à Tôkyô, à tel point qu'ils durent faire halte une autre fois. Et ce fut pour rire de plus belle, jusqu'aux larmes, en se tenant le ventre.

Ils rirent à en perdre le souffle.

32

La tradition du *heso no o* へその緒 telle qu'elle fut expliquée à Yui par la sage-femme qui l'aida à accoucher

« Depuis l'Antiquité, au Japon, la coutume veut que l'on remette à la mère, après l'accouchement, un fragment du cordon ombilical. Pendant neuf mois, il a relié la mère au fœtus, auquel il a apporté oxygène et nutriments : c'est l'organe le plus précieux qui soit, avec le placenta.

Selon la croyance c'est un talisman qui protège l'enfant sa vie durant. Jadis, les mères le remettaient à leurs fils quand ils partaient à la guerre et à leurs filles quand elles se mariaient.

On prétendait aussi qu'en cas de maladie mortelle, le piler et l'absorber pouvait sauver la vie. Jolie légende, non ?

Laisse la boîte ouverte. Pour l'instant, comme tu le vois, il est blanc et luisant, mais avant demain, il deviendra tout sec, marron, et pas plus gros qu'une noisette. »

33

« Les choses pratiques servent à mettre de l'ordre. »

Ces mots sonnèrent comme une introduction à un long discours. Takeshi le devina à la manière dont sa mère gardait ses mains en l'air.

« Le téléphone, vois-tu, est une chose pratique. »

Takeshi vida les restes du dîner de coupelle en coupelle, il les empila et ramassa les baguettes.

« J'ai vu une photo du Téléphone du Vent. De mon temps, on utilisait des appareils comme celui-là. D'ailleurs tu les as connus toi aussi, non ? Ce cadran, c'est un collier, un rosaire bouddhiste, dit-elle en dessinant un cercle autour de son poignet. Tu sais, un de ces bracelets que portent les bonzes ? »

Mais à quoi bon toutes ces métaphores ?

Takeshi soupira. Il se leva tandis que sa mère épluchait une mandarine. Le dîner était terminé et un parfum d'agrume embaumait l'air. Il posa la vaisselle à côté de l'évier.

Sa mère n'était pas de ces femmes qui chassent les hommes de la cuisine. Elle l'avait élevé sans penser qu'un fils soit tellement différent d'une fille.

Takeshi murmura une fois de plus : « C'est vrai, bien sûr, très juste », ponctuant ces mots empreints de respect de quelques sons approbateurs. D'habitude, c'était suffisant pour la calmer un peu.

« Ça lui sera utile, tu verras, l'envie de sortir et de jouer lui reviendra. À son âge, il faut qu'elle joue, il faut absolument qu'elle joue. » Tout le poids de sa déclaration reposait sur ce *il faut.* « Si elle ne joue pas maintenant, quand le fera-t-elle ?

— Je sais, mais il faut lui laisser du temps, même le pédiatre le dit », trancha Takeshi.

Le pédiatre l'avait-il vraiment dit ? Possible… Takeshi n'en était plus tellement sûr. Mais il savait que pour freiner sa mère, mieux valait faire intervenir l'autorité d'un tiers, d'un homme si possible.

« Tout de même, il ne faut pas exagérer non plus. Avec le temps certaines choses finissent par passer, mais d'autres s'enkystent… et si on ne fait rien, elle risque d'en garder des séquelles », répliqua-t-elle.

Hana n'avait pas prononcé un mot depuis bientôt deux ans : il n'était plus simplement question de séquelles, personne ne se faisait d'illusions. Mais Takeshi ne dit rien, pensant qu'il devait laisser à sa mère la certitude qu'il était possible de tout arranger simplement.

« Elle se reprendra, j'en suis sûre. Emmène-la à Bell Gardia et explique-lui bien comment cela fonctionne. »

Dehors, le ciel semblait se déverser sur la montagne, les nuages emprisonnaient le mont Fuji. Tout en bas courait le chemin de fer, les rails qui se rapprochaient puis s'éloignaient. Après la mort de sa femme, Takeshi avait pensé déménager, puis il était retombé amoureux de ce paysage toujours changeant.

« La première fois que tu m'as parlé de ce téléphone, j'ai tout de suite pensé au *butsudan.* Quand on y réfléchit, cohabiter avec des morts permet aussi de s'habituer à l'idée que tout a une fin. »

La coutume de posséder un autel familial, Takeshi en convint, perdurait chez beaucoup de Japonais, même si, son entretien se révélant trop fastidieux, on avait tendance à y renoncer. Indéniablement, sa présence favorisait une certaine familiarité avec la mort et instaurait un rapport différent avec les défunts.

« Quand j'étais petite, tu vois, le *butsudan* m'a aidée à comprendre que nos disparus existent encore, quelque part, même si on ne les voit plus. Mes grands-parents maternels, par exemple, qui sont partis bien avant ma naissance, et aussi mes deux frères mort-nés. Ils étaient devenus invisibles, voilà tout, mais ils n'étaient pas muets pour autant. Ils déménageaient, si l'on peut dire ; un jour les grands-parents étaient dans la cuisine ou la chambre à coucher, le lendemain dans le séjour, sur le *butsudan.* »

Takeshi acquiesça, en se rappelant l'allure de ses bisaïeuls sur l'unique photographie d'eux qu'il connaissait. C'était un portrait dans le style sévère d'autrefois : la femme assise en kimono, l'homme debout à côté d'elle, leurs visages figés dans une expression altière et solennelle. *Quand donc*, songea Takeshi, *le sourire est-il devenu la norme sur les photographies ?*

« Un enfant n'a accès à ces choses-là que grâce à la magie, ou à une religion comme la nôtre, continua sa mère. Et puis, tu sais, c'est bien plus facile pour moi de parler à mes parents morts que ça ne l'était de leur vivant. Ils me coupaient systématiquement la parole en me disant : "Toi, la petite, tais-toi donc." Quand j'y pense, j'ai envie de rire : ça aurait toujours été moi la plus petite, non ? »

Takeshi ramassa les peaux de mandarine sur la table et les jeta à la poubelle, qu'il tassa pour le tri sélectif.

« Le *butsudan* est un vrai réconfort, j'ai l'impression que ton père est encore avec moi. »

Takeshi se rappelait sa mère en constant dialogue avec son père, mort quand elle n'avait que quarante ans et lui soixante. Il se souvenait de la figure impassible de cet homme juste, écoutant patiemment les interminables tirades de sa femme. Elle vidait sur la table le sac plein à craquer de sa journée et lui triait le sable du quotidien, y cherchant le plus minuscule coquillage à admirer dans le but de la rendre heureuse.

Désormais, devant l'autel familial où il reposait lui aussi, sa veuve s'agenouillait puis s'asseyait sur ses talons et, le dos bien droit, allumait l'encens, déposait des gâteaux et du riz, et enfin l'invoquait pour qu'il l'écoute encore, comme lorsqu'il était en vie. Son fils la retrouvait souvent endormie dans la pièce de *tatami*[1], détendue, la tête posée sur le *zabuton*[2].

« Eh oui, tu as raison. Ton père m'aimait ainsi : bavarde et désordonnée », répondit-elle joyeusement quand Takeshi lui fit part de ce souvenir.

L'éclat de rire qui accompagna sa réponse dissipa un peu de cette tristesse qui s'emparait d'elle quand elle se sentait trop vieille ou trop stupide pour trouver une solution aux problèmes.

« Quant à l'idée d'emmener Hana à Bell Gardia, je demanderai conseil à une amie, dit Takeshi pour en revenir au sujet initial et conclure la conversation sur une note optimiste. On peut toujours essayer.

1. Tapis de paille traditionnel du Japon. De nombreuses maisons disposent d'une ou de plusieurs pièces au sol entièrement recouvert de *tatami*.

2. Coussin japonais pour s'asseoir (littéralement « futon-siège »).

— À cette femme qui t'accompagne d'habitude à Iwate ?

— Oui, c'est à elle que je pense. Elle connaît cet endroit mieux que moi. Elle saura me dire si ça vaut la peine d'y aller avec la petite. Bon, allons dormir. »

Il éteignit la lumière de la hotte qui éclairait un dernier carré de la cuisine, et leurs deux ombres s'esquivèrent.

34

Les dix souvenirs les plus intenses que Takeshi gardait de son père

Le jour où ils montèrent dans la Tour de Tôkyô et virent à quel point la ville était immense.

La manie qu'il avait, à table, de dévisser et de revisser les bouchons des bouteilles.

Sa façon de tapoter les choses du bout des doigts.

Son embarras quand il tenta de lui expliquer, maladroitement, comment naissent les enfants.

Les moments où il s'isolait pour téléphoner à sa petite sœur. Leurs conversations animées, à voix basse.

Le modèle réduit de Ferrari qu'il lui rapporta d'Italie.

La première et la dernière fois qu'il le vit pleurer à la mort de sa sœur.

La fois où, à Asakusa, ils assistèrent ensemble à un spectacle de *rakugo*[1].

Le jour où ils le trouvèrent inerte dans son fauteuil, le journal tombé à ses pieds. Il semblait endormi, mais il avait eu une crise cardiaque.

Son visage apaisé dans son cercueil ; autour de lui des fleurs (surtout des lys), ses gâteaux préférés (des *manju*[2]) et des grilles de mots croisés.

1. Art traditionnel du conte humoristique.
2. Petits gâteaux ronds et blancs cuits à la vapeur.

35

Très tôt, Takeshi avait constaté qu'Akiko, sa femme, avait surtout à cœur d'enseigner à sa fille la confiance.

Inquiète, bien sûr, comme la plupart des mères, elle craignait toujours qu'il ne lui arrive quelque chose et surtout que quelqu'un ne lui fasse du mal. « Les objets me font moins peur », disait-elle en pensant aux voitures, aux rues pentues, à toute la matière dure du monde. Ce qui la préoccupait chez Hana, c'était cette propension enfantine à chercher le regard de n'importe quel passant, fût-il celui d'un vieillard à l'air vaguement libidineux.

Malgré tout, entre la crainte et la confiance, elle choisissait toujours la seconde.

La seule dispute que Takeshi se rappelait avoir eue avec sa femme avait éclaté parce qu'un jour, dans la rue, en rentrant du café où mère et fille prenaient leur petit déjeuner, Hana s'était approchée d'un clochard pour lui montrer son dessin. « Regarde, regarde ! » avait-elle piaulé, toute fière, et Akiko, au lieu d'éloigner l'enfant du sans-abri, l'avait fait asseoir au bord du trottoir et laissée engager la conversation.

Il fallait bien que les enfants apprennent à se méfier, ne comprenait-elle pas ça ? C'était aux adultes de s'en charger, lui dit Takeshi ce soir-là, dès qu'il fut certain que Hana était endormie. Les enfants ne percevaient pas plus le danger qu'ils ne comprenaient la mort : quand Hana trouvait le cadavre d'un insecte, elle croyait qu'il dormait, et si un adulte ne l'avait pas retenue par la main à un passage à niveau, elle aurait sans doute couru les bras ouverts en direction du train.

Non, répliqua Akiko avec vigueur, lui inculquer la crainte de la vie et des autres ne ferait que l'affaiblir. C'était à eux de la protéger jusqu'à ce qu'elle soit en mesure de comprendre. Mais d'abord, il fallait lui apprendre la joie.

« Il faut aimer la vie, Takeshi, et apprendre à faire confiance aux gens. Ne les lui fais pas haïr, on ne se défait pas de la haine », conclut-elle en baissant la voix.

Et aussitôt elle serra fort son mari dans ses bras, comme elle avait coutume de faire avec Hana, quand la petite se laissait emporter par d'orageux caprices dont elle-même ne comprenait pas la raison.

Cette nuit-là, ils firent l'amour, en pensant que le moment était venu de donner un petit frère à Hana. Ironie du sort, trois mois plus tard, c'est en cherchant à savoir si elle était enceinte qu'Akiko découvrit qu'elle avait un cancer.

L'enfance disparaît chez tout le monde. Tous les enfants meurent un jour.

Hana elle aussi finirait par disparaître, pensait son père. Il fallait se hâter de la faire revenir.

Renoncer à sa passion à cause de la maternité avait été un coup dur pour Akiko qui étudiait depuis ses quatre ans pour devenir chanteuse : les complications de sa grossesse – elle était restée alitée cinq mois – lui avaient interdit la pratique du chant. Takeshi avait bien proposé de s'occuper de la fillette avec sa mère, qui ne travaillait pas et habitait le quartier, mais Akiko était convaincue de devoir le faire elle-même. Toute son enfance, on lui avait seriné que « les choix modèlent l'existence » et elle tenait à voir quel genre de personne façonneraient ceux qu'elle avait faits.

Dès la naissance de Hana, Akiko et elle vécurent en symbiose totale, la mère semblant avoir plus besoin de sa fille que l'inverse. Estimant qu'elle s'était arrêtée trop longtemps, Akiko n'eut pas le courage de relancer sa carrière. À l'évidence, cela lui pesait, mais son amour pour Hana était immense, et elle se disait souvent qu'avec sa fille elle ne s'ennuyait jamais.

Quant à demander l'aide de sa belle-mère… Elle avait bien du mal à supporter la logorrhée de la vieille dame, et puis sa manie de tirer sur les pans de chemise de son fils ou de lui caresser la main à la fin des repas l'agaçait ; elle n'appréciait pas davantage la façon dont elle corrigeait Hana, ni ses vigoureux câlins qui chamboulaient les coiffures soignées de la fillette qu'elle élaborait tous les jours devant la glace. Elle en était jalouse, au point qu'entre ces deux-là une sorte de compétition amoureuse s'instaura.

La belle-mère admirait sa bru, sans pour autant la comprendre. Akiko pouvait être mélancolique un jour et le lendemain joviale : une telle alternance d'humeur la dépassait. Toutefois, l'optimisme l'emportait toujours chez la jeune épouse, ce qui achevait de la déconcerter.

Il avait fallu vingt ans pour que la mère de Takeshi cesse de se reprocher les scènes qu'elle avait infligées à son fils, surtout durant la longue période de désarroi qui avait suivi la mort de son mari, quand elle avait dû soudain gérer seule un quotidien dont elle ne s'était jusque-là jamais souciée. Sa seule excuse était d'avoir eu elle-même une enfance difficile.

À y repenser, que son fils ait réussi à obtenir son diplôme (de médecine !) tenait du miracle et chaque fois que lui venait l'angoisse d'avoir raté sa vie, elle se répétait : *Un fils médecin ! Un fils qui guérit les gens !*

Quand il lui arrivait de parler de lui avec ses amies ou avec des inconnus, elle se gardait bien cependant d'exprimer son étonnement. Présenter ce succès comme une évidence donnait d'elle l'image d'une femme parfaitement à sa place, d'un certain standing, habitant un luxueux appartement de Nakameguro avec des fleurs toujours fraîches dans l'entrée, grand-mère d'une petite fille fréquentant une maternelle privée.

Après le parcours éprouvant qui avait été le sien, elle estimait que la vie avait des comptes à lui rendre. Une bonne compagne pour son fils et pour elle une gentille belle-fille était bien le minimum.

Ce fut Akiko, débarquée telle Mary Poppins dans la maison des Banks. Ce qu'elle appréciait le plus chez cette jeune femme à la voix mélodieuse, c'était le soin qu'elle prenait de son époux et de sa fille. Elle menait son foyer avec rigueur, sans jamais oublier une célébration ni une facture. Et pourtant, elle savait aussi se montrer distraite, avec cette légèreté propre à ceux qui ne culpabilisent pas à tout propos.

Voilà, c'était cela, la grande qualité d'Akiko : elle savait s'accommoder du monde comme il va. Quand tout ne se déroulait pas selon son désir, elle n'en faisait pas une maladie, contrairement à elle. Certes, sa belle-fille était trop gourmande (elle ne s'expliquait pas cette passion pour les éclairs à la banane), et elle ne cessait de couvrir Takeshi et Hana de baisers. Comme souvent les femmes qui sacrifient tout à leur famille, elle était sentimentale à l'excès, mais sa joie de vivre et sa confiance étaient des qualités rares. Pour sa part, malgré tous ses efforts, jamais elle n'avait su faire preuve d'une telle vaillance.

Hélas, Akiko était tombée malade et le sol s'était effondré sous leurs pieds.

Quelques semaines après l'enterrement, quand elle comprit que le mutisme de la fillette allait durer, la mère de Takeshi pensa qu'il s'agissait du contrecoup inévitable d'un trop grand amour. N'est-il pas préférable de renoncer à certaines choses si l'on est destiné à les perdre ? Elle n'avait pas de réponse à cette question.

Au début, pour reprendre courage, elle se répétait qu'après tout la petite pouvait compter sur elle, une grand-mère encore jeune et en bonne santé.

Mais Takeshi manquait d'audace : terrifié à l'idée de l'abîmer, il traitait Hana comme un bibelot fragile. Du reste, cette créature mutique aux pensées impénétrables lui inspirait à elle aussi une vague appréhension.

Hana resterait-elle à jamais marquée par la perte de cette mère si particulière ?

Quand la vieille dame la rejoignait dans sa chambre pour lui proposer de faire une promenade ou de regarder la télévision avec elle, l'enfant secouait la tête et se remettait à découper et à plier des origamis, ou à feuilleter ses albums illustrés ; elle restait des heures le nez collé à la fenêtre, à contempler les trains qui passaient puis s'enfonçaient dans la ville où ils disparaissaient.

Hana n'était pas disposée à céder à quiconque la place laissée vacante par sa mère.

Sa grand-mère espérait toutefois qu'Akiko avait eu le temps de transmettre à sa fille son inconditionnelle joie de vivre.

Elle se consolait en pensant à cette personne dont son fils lui parlait souvent. Elle ne connaissait d'elle que son numéro de portable et l'image associée à son contact sur Line[1], une danseuse vêtue de rouge qui flottait dans l'air. Elle ne savait pas s'ils avaient ou non une liaison, mais sait-on jamais, se disait-elle, cette femme saurait peut-être remettre sur pied la famille magnifique et blessée qui était la leur.

Dans ses prières quotidiennes devant le *butsudan*, elle commença à invoquer aussi son nom.

1. Line est le réseau social le plus prisé du Japon.

36

Les dix choses, plus une, que Hana et Akiko aimaient faire ensemble

Compter les ding-ding de l'alerte du passage à niveau, et en perdre le compte au moment du passage du train.

Appuyer sur tous les boutons impairs dans l'ascenseur.

Se faire « Mon œil ! » en se tirant la langue – Beuh !

Monter au sommet du Mori Building pour voir Tôkyô d'en haut, se demander l'une à l'autre « Où est la maison ? » et répondre en pointant le doigt au hasard.

Jouer au train (Hana attrapait la poignée du sac d'Akiko, qui faisait *Tchou-tchou, attention au départ !*).

À la saison des cerisiers en fleur, courir dans tous les sens à Nakameguro au bord du fleuve, avant qu'il y ait foule. Au milieu des touristes, parler une langue imaginaire.

Déclarer : « Je suis pleine comme un éléphant. »

Prendre la ligne Inokashira et descendre à Eifukuchô pour manger une pizza.

Ouvrir la bouche sous la pluie et dire : « Quel délice ! Félicitations au chef ! »

Dans la rue, saluer toutes les statues de *tanuki*[1] à côté des restaurants et des habitations privées.

Commander trois parts de gâteaux au café, tous différents, les partager en cinq morceaux. Jouer le cinquième à pierre-papier-ciseaux.

1. *Bake tanuki* : dans la mythologie japonaise, un des *yôkai* (esprits) de la forêt, inspiré du chien viverrin, sorte de canidé auquel les Japonais attribuent des pouvoirs magiques.

37

« Et si on emmenait Hana à Bell Gardia ? Qu'en penses-tu ? »

Takeshi lui posa la question le soir même par texto.

Yui répondit qu'elle n'en savait rien. Tout ce qui lui venait à l'esprit, c'était qu'il serait bon d'expliquer à la petite comment fonctionnait le Téléphone du Vent, de lui parler du voyage et du jardin, de l'effet qu'ils faisaient à son père – bref, d'en faire une histoire. Ensuite, si elle avait l'air intéressée, il pourrait lui proposer de les y accompagner le dimanche suivant. Sans la forcer cependant.

Elle n'en dit pas davantage et Takeshi suivit son conseil.

Au moment de dormir, après le rituel conte du soir, Hana et lui feuilletèrent l'album que le jardin de Bell Gardia avait inspiré à une illustratrice japonaise.

Il lui expliqua que c'était ainsi qu'il parlait désormais à sa mère et qu'il lui donnait des nouvelles de Hana et des siennes. Il la sentit proche et attentive.

Le voyage ? Eh bien, il durait de longues heures, mais on traversait des paysages sublimes.

« Et la mer, Hana, si tu voyais toutes les couleurs de la mer en hiver ! »

La même nuit, Yui se remémora un vendredi, cinq ans auparavant.

Elles étaient dans un train, sa fille n'avait pas encore deux ans, elle hurlait et Yui tentait en vain de la faire taire. Elle ne savait plus si la petite criait de joie ou de désarroi, si elle réclamait quelque chose qu'elle lui refusait (un petit gâteau ? son portable ?) ou si c'était simplement une façon d'exprimer son excitation. En tout cas, sa voix suraiguë cinglait les parois du wagon et semblait ne jamais devoir se calmer.

C'est alors que quelqu'un avait hurlé : « Silence ! Tais-toi ! »

Yui s'était retournée et avait vu un homme bedonnant à la tignasse blanche et aux yeux cerclés par des lunettes à large monture ; des yeux ordinaires, sans expression particulière.

Avant même de se retourner, Yui avait d'instinct lancé une excuse. Elle était habituée à le faire d'emblée. Avec les enfants, il fallait vite apprendre à courber la tête et à demander pardon ; au fond, ce n'étaient que des mots.

Cependant, la réaction des autres passagers, y compris celle de sa fille, l'avait stupéfiée. Un silence de plomb était tombé dans le wagon tandis que tous retenaient leur souffle. Quand soudain, venant d'une autre tête blanche, tout au fond, un chant s'était élevé :

« *Zô-san zô-san*... Petit éléphant, petit éléphant au nez si long... »

Un rire perlait dans cette voix ; plus étonnant encore, après la deuxième strophe de la comptine, une autre voix s'était jointe à elle, puis une autre, et Yui, tout émue, avait vu l'éléphant se matérialiser devant elle, avec sa trompe, ses pattes comme de la terre cuite, et tout le reste.

Le wagon entier s'était mis à chanter : sa fille et elle se retrouvaient au beau milieu d'une fête somptueuse.

L'homme qui avait voulu réduire la petite au silence se taisait. En cherchant à étouffer une petite voix, il en avait par inadvertance soulevé tout un chœur.

En éteignant sa lampe de chevet, Yui sourit en songeant que sa fille possédait un pouvoir phénoménal ; que tous les enfants, sans exception, avaient le don de susciter des réactions miraculeuses.

38

Titre original de l'album illustré que Takeshi lut à Hana ce soir-là

Yôko Imoto, *Kaze no denwa* (Le Téléphone du Vent), Tôkyô, Kin no Hoshisha, 2014.

39

« Toute seule ? »

Le menton de l'enfant toucha l'attache de son cou. Oui. Elle hochait la tête, l'air décidé.

« Vraiment toute seule ? Tu es sûre ? »

Il répéta sa question, fronçant et défronçant ses sourcils, comme s'il peinait à comprendre la réponse de sa fille. « Allez, je t'accompagne jusqu'à la porte, je te passerai le combiné, si tu veux. »

Hana fut intraitable. Elle se contorsionna pour échapper à la main de son père.

Il suivit son mouvement, ployant les genoux, et il sentit faiblir son dos. *Est-ce que je vieillis ?* se dit-il. *Je n'ai pas le droit de vieillir. Pas dans les vingt ans à venir, en tout cas.*

Il se tourna vers la lisière du jardin, Yui remettait à M. Suzuki le rituel paquet jaune d'éclairs à la banane ; elle lui disait quelque chose, inclinant la tête avec un sourire, et pourtant, Takeshi en était sûr, elle ne les quittait pas des yeux.

À cet instant, il eut envie que Yui rentre à la maison avec eux, qu'elle l'aide à porter les sacs de courses jusqu'à la cuisine et à ranger l'armoire de la petite, qu'elle défasse avec lui les décorations du Nouvel An.

Il serait si doux d'aller ensemble au temple et de prier pour une année pleine de santé et de sérénité. Il désirait sa présence à ses côtés, même quand ils seraient tous les deux vieux et un peu sourds.

Mon Dieu, était-il possible qu'ils en soient déjà arrivés là ?

Inquiet, il se demanda si Hana s'en était aperçue, les enfants sont parfois si perspicaces.

Du reste, serait-il jamais capable de distinguer l'amour qu'il portait à cette femme de celui qu'il avait pour sa fille ?

Comme alertée par l'intensité de ses pensées, Yui se retourna et Takeshi, embarrassé, détourna les yeux. Il caressa doucement la tête ébouriffée de Hana.

« D'accord, fais comme tu veux », lui dit-il. Elle entrerait toute seule dans la cabine et il l'attendrait dehors.

La fillette s'écarta de son père. Elle s'engagea sur le sentier à petits pas, la clochette de l'arche tinta. Takeshi retint son souffle. Qu'allait-il se passer ? Il avait l'air d'un adolescent, le cœur battant la chamade.

Quand Takeshi rejoignit Yui, M. Suzuki rentrait chez lui, au moment précis où Hana décrochait le combiné ; noir et placide, l'objet pendait contre sa poitrine.

« Elle est si petite.

— Pas pour son âge, répliqua Yui avec douceur. Elle me semble être tout à fait dans la moyenne.

— Je voulais dire intérieurement. »

Ils se tenaient sur le seuil, immobiles.

« Elle a voulu y aller toute seule, reprit-il.

— Oui, j'ai vu ça.

— On n'a pas besoin de voix pour parler ici, n'est-ce pas ?

— Non, on n'en a pas besoin. »

Le père changea de place et soudain vit sa fille, dans la cabine, ouvrir la bouche et bouger les lèvres des dizaines de fois.

Sous le choc, il fut d'abord pétrifié.

Ses lèvres brassaient-elles de l'air ou prononçaient-elles des mots ? Parlait-elle ? Hana parlait-elle ?

« Elle parle ! » s'exclama-t-il enfin. Puis, aussitôt après : « Est-ce qu'elle parle ?

— Oui, on dirait bien, murmura Yui.

— Mais ce n'est pas sûr.

— Non, on ne peut pas en être sûrs.

— Non ?

— C'est difficile à dire, d'ici. Nous sommes trop loin.

— Mais elle parle ? répéta Takeshi.

— On dirait que oui. »

Un vent vigoureux se leva, en une rafale il arracha une touffe de feuilles et fit claquer une fenêtre dans le voisinage, un chien aboya : un écran sonore se formait pour préserver l'intimité de la fillette.

Bouleversée, Yui dissimula son émotion. Elle fut tentée de prendre Takeshi dans ses bras mais elle se maîtrisa.

Elle fixa longuement la frêle silhouette de Hana derrière la vitre de la cabine. Dans les rectangles du bas, elle distinguait un petit bout de corps, une épaule tout entière et un fragment de bras. Encore une dizaine d'années et elle rattraperait son père.

40

Phrases portées par le vent de Bell Gardia au mois de juin

« Avant, je ne t'aimais pas autant que je t'aime à présent. »

« Il n'arrête pas de pleuvoir, ça commence à me fatiguer. »

« Tantine, où es-tu ? »

« Allô, grand-père ? Il passe comment, le temps, là où tu es ? »

« Soixante et onze personnes sont mortes dans l'incendie d'une tour à Londres. »

« Si tu reviens, je promets, je te le promets… »

« Ce ne serait pas toi, par hasard, qui caches mes affaires ? Je perds tout ces derniers temps… »

« J'ai trouvé ton journal intime, tu m'autorises à le lire ? »

« Maman, c'est Hana. Tu te souviens encore de moi ? »

« Papa ? »

41

Quand personne n'espère plus de miracle, alors le miracle survient.

Yui avait rencontré l'enfant pour la première fois ce matin-là. Après avoir entendu parler d'elle pendant plus de deux ans, elle la regardait maintenant dans les yeux et lui tenait la main. Paisible et docile, c'était un modèle parfait de fillette de six ans. Quelques mois plus tard, elle entrerait à l'école primaire.

Quand Yui, au lieu de klaxonner, s'était garée et était descendue de la voiture pour l'accueillir, Hana s'était inclinée en souriant. Elle semblait très bien savoir qui elle était, et ce qu'ils faisaient là tous les trois.

Yui avait conduit en redoublant de prudence et en lançant de brefs coups d'œil au rétroviseur pour s'assurer que Hana, dans le siège auto qu'elle avait loué pour le voyage, se sentait à son aise.

Ils l'avaient fixé derrière le siège du conducteur et Takeshi s'était installé à côté d'elle.

Comme toujours, ils avaient fait halte au Lawson de Chiba, où Hana avait demandé un flan au praliné et une petite bouteille de lait chocolaté. Elle adorait le chocolat et, quand l'océan avait été en vue, Yui avait tendu une main derrière elle pour lui offrir un carré de sa tablette. Elle en prévoyait toujours une, même si ses nausées avaient cessé : c'était un rituel bien rodé.

« Dès que je vois la mer, je salive : je suis devenue trop gourmande, avait-elle commenté, amusée. Un vrai désastre. »

Elle tenait mordicus à son chocolat : elle aussi adorait ça.

« Si j'habitais sur la côte, je pèserais un quintal. »

Hana avait tout de suite accepté Yui, comme si elle avait toujours été là, avec eux. Visiblement, elle lui plaisait.

D'ailleurs, lorsque l'enfant sortit de la cabine et courut à la rencontre de son père, qu'elle lui encercla les jambes et les serra de toutes ses forces, quand ils furent tous bouleversés et que Yui fit mine de s'éloigner pour les laisser seuls, Hana la saisit par un pan de sa veste, attrapa sa manche, puis sa main, et l'attira vers eux.

Le moment était venu. C'est toujours au bon moment que surgit la beauté.

Il fallait qu'avant sa fille, le père soit prêt. Takeshi était enfin prêt et Hana l'avait compris.

Alors, quand il se pencha pour l'embrasser, elle plongea le visage au creux du cou de son père et se remit à parler. Elle ne dit que des choses banales, des mots d'enfant de son âge.

Elle avait faim, et un peu soif aussi. Oui, le vent soufflait drôlement fort, mais cela ne la dérangeait pas. C'était très beau, ici.

Pendant le voyage du retour, sans pour autant se métamorphoser en moulin à paroles, Hana avoua à quel point elle aimait le chocolat. Aussi, dans chacun des magasins qu'ils croisèrent en route, Yui et elle achetèrent un monceau de confiseries. Sous l'œil amusé de Takeshi, elles déballèrent, dépiautèrent, croquèrent, suçotèrent, mastiquèrent et léchouillèrent tout ce qui portait le mot *choco* sur son emballage.

Yui raconta que quand elle était petite, sa mère lui offrait toujours deux beignets à la fois. L'un à manger tout de suite et l'autre pour plus tard. Comme si elle rechignait à lui apprendre que le bonheur avait une fin. « Quand tu l'auras fini, tu sauras qu'il t'en reste encore un », lui disait-elle. Souvent, il lui arrivait de ne plus avoir de place pour le deuxième beignet et le pauvre se desséchait dans le garde-manger sans que personne y touche.

« On pouvait se permettre le luxe d'avoir une faim de loup ou un appétit d'oiseau », ajouta Yui.

Hana en resta bouche bée.

« Ta maman aussi achetait toujours trop de tout, dit Takeshi. Beaucoup plus qu'on ne pouvait manger.

— Notre passion commune pour les gâteaux vient peut-être de là », conclut Yui.

Comme si leurs mémoires étaient liées, le souvenir lui revint d'un des anniversaires de la petite, un jour d'avril ; la bouche pleine de sa fille, ses joues rebondies et sa toute première phrase complète : « Je veux beaucoup de gâteau » ; la petite juchée sur ses genoux pour souffler les bougies, la chaleur de son petit corps agité ; le doigt goulu qu'elle avait plongé dans la crème avant de le porter à sa bouche.

Yui préféra garder ce souvenir pour elle. « Qu'est-ce qui nous reste ? demanda-t-elle en désignant le sac des yeux.

— Encore ? Vous allez manger tout ça ? » répéta Takeshi plusieurs fois ce soir-là, se prétendant repu pour le plaisir de voir Yui et Hana déguster leurs sucreries et les entendre s'exclamer : « Que c'est bon ! Succulent ! C'est celui-là le meilleur, non ? Croustillantissime ! Imagine-le tiédi au four à micro-ondes ! Et pourquoi pas nappé de crème ! Oui, de crème fraîche ! Saupoudrée de cannelle ! Et aussi de cacao ! Oui, avec du cacao en plus, tu as raison ! »

Takeshi s'amusait des mots choisis qu'utilisait Yui pour parler de nourriture, comme ces gens à la télé auxquels un simple beignet inspirait des métaphores alambiquées. Mais c'était surtout la voix cristalline de l'enfant qui le remplissait d'émotion : elle s'emparait des mots les plus banals et les faisait vibrer de sons exceptionnels, telle une main sur le clavier d'un piano, légère.

42

Liste des friandises chocolatées achetées par Yui et Hana sur la route du retour

Flan au praliné et à la crème de pistache.
Sachet de crêpes à la banane et au chocolat.
Mochi[1] fourré au chocolat.
Œufs en chocolat contenant des amandes entières.
Bâtonnets de chocolat aux éclats d'amandes et de noisettes.
Petit pain à la crème au chocolat et au matcha.
Petit pain moelleux aux carrés de chocolat.
Sachet de chocolats à 75 % de cacao.
Boîte de caramels au beurre salé enrobés de chocolat.
Fondant au chocolat.
Paquet de deux biscuits croquants aux brisures de chocolat.
Deux canettes de lait chocolaté.

1. Gâteau de riz gluant.

43

Ils retourneraient ensemble à Bell Gardia. Pas tous les mois, car pour une enfant de l'âge de Hana, voyager sept heures d'affilée à l'aller puis au retour était trop éprouvant, mais tous trois se retrouveraient à Tôkyô, le samedi ou le dimanche, parfois le samedi *et* le dimanche, pour aller au cinéma, manger un pancake en forme de fleur ou se lancer encore et encore – jusqu'à cinquante fois de suite – du haut d'un toboggan d'un parc de banlieue.

Parmi toutes les activités qu'ils partagèrent, l'une devait résonner longtemps dans leurs mémoires. Ce fut la fête traditionnelle d'*O-bon*, en août, pendant les vacances d'été de Hana et Yui. On y célébrait le retour des ancêtres, l'accueil des défunts dans la demeure familiale.

« Cette année, nous ferons bien les choses », annonça Takeshi.

Selon la tradition, ils suspendirent des lampes *chôchin*[1] au-dessus de la porte d'entrée, afin que les esprits rejoignent sans se perdre en route la maison de

1. Lampes traditionnelles formées d'une armature en bambou enroulée en spirale et recouverte de soie ou de papier.

leurs descendants. Hana s'appliqua à transformer des concombres en chevaux et des aubergines en bœufs, en les plantant sur quatre baguettes en bois (« Des chevaux pour vite arriver, et des bœufs pour repartir lentement au royaume des morts ») ; Yui reprit le livre de recettes de sa mère et prépara des gâteaux à la confiture de haricots rouges ; Takeshi se chargea des fleurs et des ingrédients pour les offrandes sur les autels familiaux, le sien et celui de Yui.

Hana imaginait sa mère, son grand-père paternel, qu'elle n'avait pas connu, et la mère de Yui et sa fille chevauchant joyeusement côte à côte, à califourchon sur deux de ces bizarres montures vertes. Elle se figurait si nettement cette procession qu'elle en fit un dessin et l'offrit à Yui. Celle-ci le colla sur la porte de sa cuisine où tous les jours elle le regardait avec attendrissement.

Au soir du 16 août, Hana et Yui revêtirent deux kimonos d'été bariolés et allèrent à la mer. Takeshi les y rejoignit à la fin de son service à l'hôpital, avec un kimono prêté par un collègue et des chaussures à semelles en bois dans son sac à dos. Il se changea rapidement dans les toilettes de la gare puis, main dans la main, ils marchèrent tous les trois vers le pont qui relie la petite île d'Enoshima à la préfecture de Kanagawa.

Dans l'Antiquité, apprirent-ils à Hana, les Japonais croyaient que l'au-delà se trouvait de l'autre côté des mers et des fleuves ; voilà pourquoi, dans bien des régions du Japon, on pratiquait encore ce beau rituel consistant à poser des offrandes et des bougies sur de petites barques en papier que l'on confiait au courant afin qu'elles dérivent vers le large.

Ensemble, ils se penchèrent sur la lanterne de papier où ils avaient écrit les trois noms de leurs défunts. Avec recueillement, ils contemplèrent les *kanji*[1] d'encre qui ondoyaient devant les pépites de lumière. Puis, d'un même mouvement, ils ouvrirent leurs mains et la laissèrent voguer au fil de l'eau.

« Quelle belle idée tu as eue là ! » murmura Takeshi en étreignant la main de Yui.

Ils franchirent la longue passerelle qui mène à l'île et montèrent jusqu'au sanctuaire au sommet de la montagne pour y prier. Se sachant piètre cuisinière, Yui demanda à la déesse Benten de lui donner le talent de préparer de meilleurs *bentô* à Hana ; Takeshi émit le vœu de vivre d'autres moments comme celui-là ; Hana se borna à fixer, fascinée, les lueurs tremblotantes des lanternes. Vues de là, on aurait cru des lucioles posées à la surface de l'eau.

Cette nuit-là, pour la première fois, Yui dormit chez eux. Elle se coucha près de l'enfant.

« Reste jusqu'à ce que je m'endorme, la supplia la petite.

— Quelque chose t'inquiète ?

— Non, rien du tout », répondit Hana. Elle en avait simplement envie, comme on a parfois envie d'un deuxième café le matin ou, l'hiver, d'une couverture de plus.

Yui s'assoupit elle aussi et Takeshi la laissa dormir. Elle se réveilla avec un terrible torticolis et deux marques profondes sur la joue gauche. Mais elle ne le regretta pas : le souvenir de ce petit déjeuner avec eux lui laisserait, des mois durant, l'impression d'une caresse.

Quelques jours plus tard, Yui acheta dans une librairie un beau livre illustré aux couleurs vives qui

1. Signes assimilés à des caractères chinois permettant d'écrire une partie de la langue japonaise.

compilait les récits que, dans diverses cultures, les anciens avaient élaborés pour raconter la naissance de l'univers et de l'humanité, et décrire les royaumes de l'au-delà. Elle le mit entre les mains de Hana un soir qu'elles mangeaient ensemble de la fondue japonaise après une journée où tout était allé de travers.

À l'origine du monde, d'après les Nigérians, il y avait un taureau. Pour les Tartares de l'Altaï, c'étaient trois poissons, lesquels provoquaient régulièrement des inondations pour punir les humains de leurs mauvaises actions. Dans l'Indonésie de Sumatra, un serpent-dragon soutenait la terre et les sept couches de ciel empilées au-dessus d'elle (à leur faîte poussait un arbre sur les feuilles duquel était écrit le destin de chaque être humain) ; ses mouvements, disait-on, causaient les séismes.

« Comme au Japon ! piailla aussitôt Hana.

— Oui, comme au Japon », acquiesça Yui en se rappelant les estampes Ukiyo-e[1] figurant l'archipel japonais à la merci d'un poisson-chat géant, le *namazu*, qui provoquait des tremblements de terre par ses brusques mouvements de queue et de barbillons.

Et tout en lisant, elles riaient : décidément, le genre humain ne manquait pas d'imagination !

Takeshi, qui les avait rejointes après un service éprouvant à l'hôpital, fut séduit par la vision du monde des Yecuanas du Venezuela. Assis sur le canapé devant une bière et une soucoupe de fèves salées, il avança une hypothèse : chaque cosmogonie prenait vraiment pour modèle l'habitat traditionnel de la culture dont elle était issue. Au bout du compte, si votre demeure

1. Littéralement « images du monde flottant ». Mouvement artistique de l'époque d'Edo (1603-1868).

a une forme donnée, pourquoi en irait-il différemment de tout l'univers ?

Mais la vision du monde qui les marqua le plus fut celle des Ojibwés du Manitoba, au Canada. Les rêves étaient à leurs yeux essentiels : par leur truchement, humains et non-humains apprenaient à communiquer et, grâce à eux, l'on pouvait explorer des territoires inconnus sans le fardeau d'un corps.

« Si tu rêves bien, ta vie sera longue et belle », disait un aïeul à son petit-fils, et Yui se rappela l'une de ses premières discussions avec Takeshi.

« Moi qui reconcevais ma fille toutes les nuits et toi qui dictais à la tienne des lignes de conduite, tu t'en souviens ?

— Bien sûr, tu parles de deux allumés !

— Penses-tu ! En fait, tu étais son esprit tutélaire, et tu ne le savais même pas », répliqua Yui, rieuse, en le saluant depuis le seuil.

Ils feuilletteraient souvent cet album, revenant chaque fois au récit mythique des Ojibwés. Hana le préférait à tous les autres parce que, d'après eux, les défunts se retrouvaient tous sur une Terre des Fantômes où ils n'avaient pas à chasser pour se nourrir et où, surtout, l'hiver n'existait pas. Or sa mère avait été une grande frileuse, et Hana se rappelait parfaitement ses plaintes incessantes : la maison était glaciale ; c'était affreux d'avoir si froid ; elle pouvait supporter le pénible été moite de Tôkyô, mais elle haïssait le froid de tout son être (bien entendu, l'été, elle prétendait l'inverse). L'idée d'un lieu où sa mère pourrait circuler sans grosses chaussettes de laine aux pieds ni chaufferette pressée contre le ventre lui plaisait beaucoup.

Ce n'est qu'après avoir franchi la porte de l'immeuble, une fois dans la rue, que Yui se souvint qu'autrefois sa mère, sa fille et elle avaient coutume de s'échanger leurs rêves.

Comment avait-elle pu l'oublier ?

Yui, qui n'était pourtant pas bavarde, aimait, au réveil, raconter ses rêves. À sa mère d'abord, quand elle était petite. Puis, une fois devenue adulte, à sa fille. Elle les retenait facilement, sans même y réfléchir.

En mélangeant la soupe, elle disait à haute voix ce qui lui était arrivé pendant la nuit ; avec qui elle avait discuté et de quoi ; où elle avait voyagé ; de qui (s'il était convenable de le dire à haute voix) elle était tombée amoureuse. Elle faisait cela comme s'il s'était agi d'un geste nécessaire à la préparation du riz ou à la coupe du pain, d'un rituel indissociable du petit déjeuner. Aussi sa fille, gentiment bercée par son timbre joyeux, avait-elle pris l'habitude de manger son poisson et son yaourt parfumés aux rêves de sa mère.

Dans un wagon presque vide, debout derrière la vitre de la portière, Yui voyait maintenant défiler Tôkyô, se détachant sur la nuit comme peinte sur un fond de lave. Et le souvenir lui revint de l'époque où sa fille s'était mise à parler.

Les rêves merveilleux qu'elle inventait alors ; elle assemblait, à la diable, des bribes de sa vie minuscule : l'instinct et l'émotion lui dictaient des explosions de fleurs et de robes dans des champs peuplés d'éléphants et de lions, de frayeurs, de dinosaures et d'interdits – répétant ces derniers comme on les lui avait inculqués, au mot près.

Dès lors, se rappelait Yui, elles avaient pratiqué ensemble tout un commerce de rêves, car sa mère aussi, quand elle passait les voir assez tôt, adorait participer à ce jeu. *L'allégresse ici, c'est de famille*, aurait pensé un visiteur matinal en entrant dans cette cuisine.

En rentrant ce soir-là dans le silence compact de son appartement, Yui se disait que les souvenirs étaient comme les objets, comme ce ballon de foot qui, un an après le tsunami, s'était échoué sur les côtes de l'Alaska, de l'autre côté de l'océan Pacifique, à trois mille milles du Japon.

Tôt ou tard, ils remontaient à la surface.

44

Titre original de l'album
sur l'au-delà offert
par Yui à Hana

Guillaume Duprat, *L'Autre Monde. Une histoire illustrée de l'au-delà*, Paris, Seuil, 2016.

45

Fréquenter Hana fut pour Yui une épreuve majeure. Jamais elle ne put s'empêcher de projeter sa fille, la vie qu'elle aurait pu avoir, sur la fille de Takeshi. Il lui fallut du temps pour prendre du recul vis-à-vis de ce tropisme et surtout pour ne plus se sentir coupable d'y retomber sans cesse. Elle apaisait l'anxiété qui la saisissait par moments en songeant que, de son côté, Hana devait éprouver les mêmes tourments.

Il lui arrivait toutefois, avant de la retrouver, d'être prise d'une appréhension qui l'attristait. Elle imaginait la toucher, embrasser sa tête, et ne rien ressentir ; absolument rien, du moins rien d'autre que pour une enfant quelconque, mignonne et douce, comme l'étaient beaucoup de fillettes qu'elle croisait dans la rue.

Mon Dieu, se disait-elle, *et si je n'étais pas vraiment prête à l'aimer ?*

Je ne ressentirai rien, s'alarmait-elle, *et ça me dévastera.*

Pourtant elle se rappelait une ligne, peut-être une demi-ligne, d'un manuel de pédagogie qui disait (et cela l'avait bouleversée) que la distance n'était pas une mauvaise chose car elle permettait de mieux aimer, avec davantage de respect ; que l'absence de distance, bien au contraire, était dommageable car l'émotion pure, l'amour spontané, viscéral, servait à justifier l'erreur, le dérapage.

C'est bien cela, pensait-elle alors, *l'amour est dangereux. Et souvent on l'invoque pour se faire pardonner le pire.*

Le jour de l'anniversaire de sa fille, Takeshi organisa un petit dîner. L'après-midi, ils allèrent tous deux au temple après avoir fait leurs courses au supermarché. Hana avait décidé du menu du soir : huîtres frites, salade de pommes de terre, soupe à la crème de maïs, et un gâteau à l'effigie de Kiki la petite sorcière et de son chat Jiji.

Plus fine que Takeshi, Yui avait compris que c'était surtout l'animal qui lui tenait à cœur, et avait soufflé à l'oreille de Takeshi le désir secret de la fillette. C'était à lui de l'exaucer, s'il jugeait bon de le faire.

C'était novembre et le sanctuaire pullulait d'enfants, dans leurs kimonos aux couleurs chatoyantes de *Shichi-go-san*, la fête célébrant les filles de trois et sept ans et les garçons de cinq ans.

« Tu regrettes de ne pas avoir fêté celle de tes trois ans ? » demanda Takeshi à Hana tandis qu'ils gravissaient les marches de pierre. Il bouscula une vieille dame avec ses sacs mais celle-ci, tout à son petit-fils, ne s'aperçut de rien.

« Non, mais quand j'aurai sept ans, je la fêterai », répondit Hana, sans s'étendre. Elle n'aimait pas parler du passé ni de ce qui n'avait pas eu lieu.

« On achète un *ema*[1] et on l'accroche, d'accord ? » lança Takeshi pour changer de sujet.

1. Plaque en bois où l'on écrit une prière ou un vœu, que l'on trouve dans les sanctuaires shintoïstes.

Ils n'eurent pas besoin de sonner : le va-et-vient des fidèles était tel que la *miko*[1] tenait grande ouverte la porte coulissante de la boutique. Takeshi désigna une plaquette en bois sur laquelle était imprimé le dessin de trois enfants en habits de fête devant le *torii*[2], entourés de feuilles d'érable. Hana tendit la pièce dorée que son père venait de lui donner. Ils se mirent à l'écart pour rédiger leur vœu.

« Alors ? Qu'est-ce qu'on écrit ? lui demanda-t-il en souriant. C'est ton vœu, ton jour, c'est toi qui décides.

— Que notre famille soit toujours heureuse et en bonne santé », répondit Hana, comme si elle répétait une formule toute faite.

Takeshi ne chercha pas plus loin. Il posa les sacs sur la tablette et ôta le capuchon du feutre que la *miko* lui avait confié. Il se mit à tracer les *kanji* que l'année suivante Hana apprendrait à l'école.

« C'est écrit où, *famille* ? » demanda la fillette en regardant la plaquette de plus près.

Takeshi désigna les deux *kanji* signifiant « maison » et « clan », et Hana posa le doigt sur *kazoku* 家族.

« Famille ? demanda-t-elle encore, comme si elle espérait une explication. Papa, maman, grand-mère et Hana ?

— Oui, répondit distraitement Takeshi en regroupant ses sacs qui menaçaient de tomber.

— Et Yui ? »

Pris par surprise, son père hésita.

Un petit garçon vêtu de bleu, surexcité, se mit

1. Femme chamane faisant fonction de médium pour converser avec l'esprit des défunts.

2. Portail érigé à l'entrée d'un sanctuaire shintoïste afin de séparer l'enceinte sacrée de l'environnement profane.

à courir derrière eux sur le parterre qui s'étendait devant l'autel, et ses parents, aussi émus que lui, immortalisèrent sa folle échappée parmi les buissons touffus d'hortensias et les hautes lanternes de pierre.

« Tu crois que quand Yui pense à sa famille, elle pense aussi à nous ?

— Je ne sais pas… répondit Takeshi. Mais si c'était le cas, ce serait bien, non ? »

Il vit Hana opiner, puis s'assombrir. Le souvenir de son petit visage perpétuellement renfrogné lorsqu'elle était bébé et que sa femme la lui tendait pour qu'il la prenne dans ses bras lui revint en mémoire. Elle le scrutait, ne sachant si elle devait accepter son étreinte ou éclater en sanglots.

« Qu'est-ce qu'il y a ? Ça ne te ferait pas plaisir ? »

Hana garda le silence, et se remit à fixer les idéogrammes tracés sur les veines du bois. Du bout du doigt, elle commença à tapoter les lignes, de haut en bas, puis les deux brefs segments de droite à gauche qui se concluaient par son nom.

« Sa fille, elle était drôlement belle, quand même, dit-elle simplement.

— La fille de Yui, tu veux dire ? »

Hana avait vu des photographies de la fillette chez Yui : en train de lécher une grosse boule de glace sur le point de tomber ; sur une balançoire avec sa grand-mère ; la bouche grande ouverte et en larmes ; assoupie, les yeux clos. Les clichés étaient rassemblés dans un unique cadre accroché au-dessus du lit de Yui.

« Hana, tu veux dire la fille de Yui ? » répéta Takeshi.

Elle pressa son menton sur son cou, les yeux rivés au sol, fuyant le regard de son père.

« Mais toi aussi, tu es très belle ! »

Convaincu que son jugement était tout à fait objectif, Takeshi avait toujours pensé qu'elle l'était : Hana avait les yeux vifs et en amande, le visage allongé comme sa mère et les personnages féminins de certaines estampes Ukiyo-e, des mains fines et une peau parfaite, une expression absorbée et toujours présente ; très belle, oui, comment la définir autrement ?

L'enfant pourchassé par ses parents avait cessé de courir. Immobilisé par sa mère qui s'efforçait de rattacher la ceinture de son kimono, il hurlait. On entendait les ordres d'un photographe qui, un peu plus loin, essayait en vain de faire sourire une famille à l'allure rigide et crispée, rassemblée sous l'érable le plus rouge du sanctuaire.

Takeshi fit un effort pour se concentrer sur l'émotion de sa fille : elle ne se sentait probablement pas à la hauteur, un sentiment qu'il connaissait depuis toujours.

« Et puis je ne suis pas ordonnée du tout, ajouta Hana dans un filet de voix.

— Ce n'est pas parce qu'on est beau et ordonné qu'on est aimé davantage ! » s'exclama Takeshi en haussant le ton, tant il lui semblait urgent de répliquer.

Hana se tut, le regard perdu dans la foule bigarrée de toutes ces familles. Elle était bien tapageuse, la prière aux dieux pour qu'ils veillent sur les enfants. Selon la formule shintoïste, on était entre les mains des dieux jusqu'à l'âge de sept ans.

Takeshi s'accroupit devant sa fille.

« Tu peux me croire, Hana, l'amour n'a rien à voir avec la beauté des gens ni avec leurs talents. »

La fillette continua de triturer la plaquette en silence. Puis, d'une voix blanche, elle demanda : « Rien à voir du tout ?

— Non, absolument rien. Ce serait si fragile sinon, tu ne trouves pas ? »

Hana n'ajouta rien, mais elle laissa son père lui caresser la tête, ce qui pouvait passer pour une réponse. Sur ce, pour couper court à une conversation qui commençait à lui peser, elle chercha des yeux les barres de fer où suspendre la plaquette qu'elle serrait dans ses mains.

Dès qu'elle les eut repérées, elle s'élança d'un pas décidé vers le sanctuaire, autour duquel les familles affluaient et refluaient, telle une nuée d'étourneaux au crépuscule.

« Ici ? » demanda-t-elle en indiquant un auvent de bois abritant des dizaines d'autres plaquettes.

Takeshi sourit. « Oui, accroche-la là. »

Elle était trop loin pour entendre sa voix, alors il hocha vigoureusement la tête en l'approuvant de la main.

Puis il ramassa ses sacs et se dépêcha de la rejoindre.

Ce soir-là, quand Hana eut soufflé ses six bougies et dévoré une bonne moitié du gâteau, Yui, en la couchant, lui expliqua pourquoi elle avait choisi ce cadeau pour elle : un cadre en bois peint en blanc, orné de cascades de feuilles sur les côtés.

Elle lui parla de l'homme au cadre, en gommant les aspects les plus sombres de cette histoire, et Hana comprit aussitôt ce que Yui voulait lui dire : en effet, le monde pouvait être entièrement découpé en cadres, en fenêtres, en lucarnes, en châssis, en trouées.

« À mon avis, ajouta Yui, contenu là-dedans, il est plus facile à comprendre. »

Allongée sur son lit, Hana leva le cadre au-dessus d'elle et scruta le plafond de sa chambre, parsemé des centaines d'étoiles qui fusaient du projecteur que son père lui avait offert ce soir-là. Puis elle l'abaissa pour regarder le visage de Yui.

« Tu peux diviser n'importe quoi en tout petits morceaux, même une chose gigantesque, murmura celle-ci en tendant la main pour caresser la joue de la fillette. Tout peut entrer dans un cadre, y compris le plus gros des problèmes. »

46

La définition du mot « famille » lue par Takeshi ce soir-là dans le dictionnaire de langue japonaise *Kôjien* (5e édition)

か-ぞく　【家族】
夫婦の配偶関係や親子・兄弟などの血縁関係によって結ばれた親族関係を基礎にして成立つ小集団。社会構成の基本単位。
➪家

47

Yui et Takeshi agirent par étapes et avec circonspection. Tous deux savaient bien que les enfants connaissent peu de choses de la vie et qu'il faut les y initier à pas comptés. Sans quoi, comme pris d'ivresse, ils risquent de réagir au changement de manière inconsidérée.

Un dimanche matin de janvier, ils prirent rendez-vous au centre municipal d'hygiène et confièrent une petite cage à Hana.

Depuis des semaines, l'enfant était en effervescence : l'envie qu'elle n'avait pas su nommer le jour de son anniversaire n'avait cessé de croître. Leur famille bizarre lui semblait née d'un seul haricot magique planté par hasard dans le jardin de leur maison.

Hana réclama sa robe à volants et son sac à dos à l'effigie de Kiki la petite sorcière. Elle demanda à sa grand-mère de rester à la maison pour qu'elle puisse les y accueillir à leur retour.

Ils partirent tous les trois, Hana, Yui et Takeshi ; assis sur les banquettes spartiates du centre d'hygiène, ils écoutèrent patiemment le long exposé préparatoire à l'adoption d'un animal. Yui prit des notes précises, relevant avec soin les informations sur les maladies les plus courantes chez les chats, sur leur stérilisation et sur les habitudes à prendre pour une cohabitation réussie. Elle ne voulait rien oublier.

Hana eut du mal à suivre ; elle se perdit dans les schémas, les pourcentages et le jargon du vétérinaire. Quand il la sentait tendue, son père la prenait par les épaules, et elle se remettait à fixer le tableau lumineux et la blouse blanche du vétérinaire ; sourcils froncés, elle s'efforçait d'exprimer du regard toute la volonté et toute l'attention dont elle était capable.

Après l'exposé, on les mena jusqu'à une autre pièce où, dans un box, se blottissaient trois chatons. De couleurs et d'âges différents, ils étaient arrivés là par les voies les plus tortueuses. Accablée à l'idée d'en laisser deux sur le carreau, Hana demanda à son père de l'aider.

Leur choix fut rapide : la petite chatte noire aux yeux jaune citron fut appelée Tora (tigre), même si elle tenait bien peu du tigre. Rachitique et indolente, elle se laissa mettre dans la cage sans opposer de résistance.

Il était bon que Hana apprenne à être responsable, bien sûr, et prendre soin d'un animal était une expérience formatrice, murmura discrètement sa grand-mère à Yui et Takeshi en découvrant ce petit tas d'os. Mais cette bestiole n'était-elle pas trop mal en point ? Et si elle mourait ? Ne risquait-on pas un traumatisme supplémentaire ?

Takeshi était confiant, d'après le vétérinaire la petite chatte était vaillante : elle avait survécu à un long vagabondage, c'était une battante et avec un tel tempérament on se laissait difficilement dépérir.

Il n'en restait pas moins qu'aucun d'eux n'avait jamais eu de chat. Seule Yui avait bénéficié, enfant, de la compagnie d'un animal. Un Welsh Corgi jaune moutarde dépourvu de queue que sa mère avait hérité d'une voisine partie s'installer en Europe. Yui en était folle amoureuse et, pendant leurs dix années de vie commune, il était devenu l'être le plus important à ses yeux. Quand il était tombé malade, elle avait cru mourir.

Mais elle ignorait tout des chats. De l'avis général, les amateurs de chiens étaient incapables d'apprécier les félins, et *vice versa*. Pire que deux fan clubs rivaux. Alors, ainsi qu'elle procédait toujours quand elle était confrontée à l'inconnu, elle se procura plusieurs ouvrages sur le sujet et les étudia à fond. Elle les lisait dans le métro en allant travailler et pendant les pauses publicitaires à la radio. Amusés par le monticule de livres qui de jour en jour grandissait en ronronnant sur son bureau, ses collègues lui lançaient des miaou moqueurs.

« Et rendez-vous compte : ce chat n'est même pas à moi ! » plaisantait-elle.

Quand on lui demandait, à la caisse d'une librairie, si elle souhaitait que l'on recouvre son livre de papier, Yui répondait non, ça n'était pas nécessaire. Que les autres sachent ce qu'elle lisait lui importait peu : ils pouvaient bien juger futiles ses centres d'intérêt, Yui s'en moquait.

Toutefois, lorsqu'elle acheta un manuel destiné à aider les enfants entrant au cours préparatoire à commencer au mieux leur parcours scolaire, elle anticipa la question : « Je voudrais qu'on recouvre ce livre », demanda-t-elle avant même que la vendeuse n'enregistre le code-barres.

De chapitre en chapitre, l'expert ressassait le même concept sur tous les tons : pour les enfants, il ne devait pas y avoir de rupture par rapport à leur vie d'avant, même s'il s'agissait de mettre en œuvre une révolution. Une R-É-V-O-L-U-T-I-O-N. Une *révolution* ! Mon Dieu, mais comment surmontait-on une chose pareille ? Coups d'État, statues de tyrans mises à terre, jets de pierres et soldats plein les rues : ce mot n'évoquait pour Yui que des images terribles.

Ce furent un hiver et un début de printemps remplis de mots et en pente raide.

Takeshi et elle en discutèrent longuement, en espérant dompter ainsi leurs appréhensions. Entre janvier et avril, ils ne parlèrent de rien d'autre. Surtout après le dîner, quand Hana était couchée et qu'au plafond de sa chambre vibraient des étoiles lumineuses. Ils débarrassaient la table puis s'asseyaient devant une tisane ou un thé ; tout en remuant son sachet dans l'eau, Takeshi évoquait les questions qui lui étaient venues à l'esprit, les conseils que lui prodiguaient ses collègues dont les enfants étaient déjà grands ; Yui, qui tournait une cuillerée de miel dans sa tasse, lui rapportait ce qu'elle avait lu dans ses manuels (elle en avait entre-temps acheté deux autres) et trouvé comme remèdes aux doutes qui les assaillaient tous deux.

« Comment l'habiller, par exemple. Comment entretenir son uniforme pour éviter qu'il s'abîme. Et puis tous les gadgets qu'on peut accrocher au sac à dos : tu n'imagines pas le nombre de choses dont il faut équiper un enfant, de nos jours.

— Vraiment ? s'alarmait Takeshi.

— Il faudra aussi étudier en détail le trajet entre la maison et l'école, et puis l'emprunter plusieurs fois avant le début de l'année scolaire. L'idéal serait de repérer d'autres enfants avec lesquels elle pourrait faire un bout de chemin. Il paraît que des comités de mères se chargent de surveiller les points névralgiques du quartier, ceux où les petits doivent traverser ou tourner.

— J'espère que je serai à la hauteur.

— Mais oui, il suffit de savoir déléguer à ceux qui en savent plus que nous. »

Enfin, le jour de la rentrée arriva et ce ne fut pas Hana mais Yui qui passa une nuit blanche, rongée par l'anxiété. « Une révolution, mettre en œuvre une révolution », ces mots la hantèrent jusqu'au matin.

Takeshi évita de lui envoyer des messages, mais lui non plus ne put fermer l'œil, ressassant la seule angoisse qu'il s'était gardé d'évoquer durant leurs longs conciliabules de ces derniers mois : il allait devoir informer les institutrices de la mort de sa femme et leur expliquer que, deux années durant, la petite n'avait pas prononcé un mot.

Muette ? Oui, muette. Complètement ? Oui, complètement. Et ainsi de suite.

48

Les différents papiers que la vendeuse de la librairie proposa à Yui pour recouvrir son livre

a) imprimé à fleurs rouges et à petites feuilles sur fond jaune

b) uni, bleu, vert foncé ou rouge

c) imprimé à motif de girafes cravatées et d'éléphants avec parapluies et bottes en caoutchouc, dans des tons pastel

Yui opta pour le b).

« Bleu, vert ou rouge ? demanda la vendeuse.
— Rouge », répondit Yui sans hésiter.

49

Le réveil sonna à sept heures ce matin-là, et à sept heures et demie Yui était devant la porte, comme promis. Elle avait dissimulé ses cernes sous une épaisse couche de fond de teint et ravivé ses pommettes et ses lèvres d'une touche de couleur. Takeshi la trouva particulièrement attirante et le sourire qu'il lui adressa avait quelque chose de contraint, d'affecté.

Mais Yui ne le remarqua pas, elle lança un « Bonjour » au passage et fila dans la chambre de Hana pour l'aider à se préparer.

Sa tenue avait été décidée des semaines auparavant : une petite robe bleue qui tombait au-dessous du genou, des ballerines avec une bride attachée par un bouton, un chouchou à rayures pour rassembler ses mèches sur sa nuque.

Pour alléger un peu la pression, elles s'amusèrent à imaginer d'autres options : « Imagine que tu déboules en classe en costume de sorcière, à cheval sur un balai ! »

« Imagine que tu arrives en kimono en esquissant quelques pas de danse ! »

« La tête de tes camarades ! »

Cachée sous le lit, Tora les épiait.

Dans la cuisine, la mère de Takeshi s'activait,

faisant et défaisant le petit déjeuner, essuyant une vaisselle déjà sèche et répétant, incrédule : « La grande école, déjà, six ans, le cours préparatoire ! » Fébrile, elle tournait autour de son fils, prenant sa main, lui tapotant l'épaule, comme pour le féliciter de cette stupéfiante victoire. « Tora ! Tora ! » appelait-elle enfin, pour tendre une friandise de plus à la chatte, laquelle rappliquait illico. Elle avait déjà pris du poids et son pelage était désormais dru et brillant, mais la vieille dame continuait à la trouver efflanquée. « Vous la nourrissez, au moins ? Correctement, je veux dire ?

— Mais bien sûr qu'on la nourrit ! Maman, s'il te plaît, arrête de la gaver, tu vas la rendre obèse », la gronda Takeshi.

Sa mère perçut l'anxiété dans la voix de son fils (la grande école, déjà, six ans, le cours préparatoire !) et elle ne répliqua pas.

Ils se retrouvèrent à table, l'estomac noué. Pour souligner la solennité du moment et parce qu'ils étaient devenus une tradition, Hana avait réclamé des éclairs à la banane. Ils se promirent de se retrouver le soir venu devant le *butsudan* pour raconter en détail à Akiko cette journée mémorable.

« Aujourd'hui, une révolution se met en marche », murmura Yui à Takeshi tandis qu'il fermait la porte et que la fillette, tenant la main de sa grand-mère, descendait déjà l'escalier, son petit sac sur le dos. Constater que Takeshi était plus nerveux qu'elle l'aidait à dédramatiser. Cette formule l'avait torturée des mois durant et, en la lançant ainsi de but en blanc, elle s'en libéra.

« Une révolution, en effet », répondit Takeshi en prenant tellement au sérieux sa sortie que Yui éclata de rire.

Takeshi n'osa lui confier ses doutes qu'une fois dans la rue : que dire aux institutrices ? Sa fille était si sensible.

« Sensible ne veut pas dire fragile. Laisse-la plutôt se débrouiller, elle en parlera elle-même, naturellement, comme n'importe quel autre enfant », suggéra Yui.

Ils traversèrent la première des trois ruelles qui séparaient la maison de l'école. Avec aplomb, la fillette montrait à sa grand-mère le dessin qu'elle avait fait le dimanche précédent.

« Laisse-la se présenter comme elle l'entend. Depuis son passage à Bell Gardia, elle a toujours parlé normalement, non ? » ajouta Yui, rassurante.

Après ce jour miraculeux, pendant des semaines, Takeshi s'était réveillé en craignant que Hana n'ait à nouveau cessé de parler ; il entrait dans la cuisine en retardant anxieusement son salut. Un sourire lui échappait à présent quand il se rappelait comment, le deuxième jour, il avait même fait mine de ne pas la voir, terrifié à l'idée qu'une erreur de sa part ne rompe le charme et ne la rende à nouveau mutique. Mais pas une seule fois Hana n'avait cessé de se comporter comme on l'attendait d'elle.

« Ils feront sa connaissance telle qu'elle est, et non telle qu'elle a été », conclut Yui en posant un doigt sur ses lèvres, comme ils arrivaient à la hauteur de l'enfant.

La silhouette de Hana fit ressurgir un souvenir de sa fille à deux ans : elle venait d'enfiler un sac à dos en forme de pingouin offert par sa grand-mère ; sa frimousse radieuse ; la sarabande qu'elle avait menée dans la pièce, s'évertuant en vain à se regarder le dos, semblable à un chiot qui cherche à s'attraper la queue.

Yui se tourna vers Takeshi et répéta « Ne t'inquiète pas » en lui adressant un sourire d'encouragement.

Devant les grilles de l'école, pavoisées en ce jour de rentrée, sous les nuages roses des cerisiers qui à chaque souffle de vent laissaient choir une pluie de pétales, Takeshi voulut croire que Yui avait raison.

50

Le dessin que Hana fit du trajet de sa maison à l'école

51

C'est bien une révolution que vécut Hana dès son premier jour d'école – en réalité, dès le jour où elle recommença à parler – car rien ne changea dans sa vie et, pourtant, tout fut différent.

Le cadre ? Oui, peut-être était-ce le cadre qui changeait tout. Yui était de plus en plus présente, pour l'aider à faire ses devoirs, disait-elle, et pour rassurer son père quand il était coincé à l'hôpital, mais en vérité c'était uniquement parce que cela lui faisait plaisir. Hana aimait tendre la main et la trouver là, à sa droite ou à sa gauche, à la même hauteur que son père et que sa grand-mère.

Cette dernière en revanche, après un premier moment de vif enthousiasme, se laissa envahir par la jalousie. Takeshi, qui connaissait sa mère par cœur, s'en aperçut immédiatement et l'invita à passer plus souvent. « Tu ne ferais pas un saut à la maison ? » lui disait-il le dimanche matin ou certains après-midi quand il rentrait tôt du travail. Ensemble, ils allaient alors manger un *dorayaki*[1] ou une crêpe au kiosque à côté de la gare.

1. Pâtisserie.

Il devait empêcher à tout prix qu'elle se sente en compétition avec Yui. Impossible de la réprimander. À son âge et têtue comme elle l'était, s'il lui faisait la moindre remarque, il déclencherait à tous les coups une réaction du genre : « Moi ? Jalouse ? Et pourquoi donc devrais-je être jalouse ? Tu t'imagines que Hana la préfère à moi, par hasard ? Ne serait-ce pas toi, plutôt, qui n'as plus besoin de moi ? »

Non, non, il fallait absolument éviter cela.

À force d'invitations répétées, accompagnées de quelques délicates attentions (un coussin pour son dos, sa marque de tofu préférée), la vieille dame finit par se détendre. Parfois, avant d'aller se coucher, elle adressait de longs monologues à son défunt mari devant le *butsudan* : cette jeune femme était si maigre qu'on se demandait ce qui la faisait tenir debout ; ses jolis bonnets adoucissaient ses traits ; jamais elle ne portait de talons, elle avait un goût extravagant pour les chaussures de sport. Mais enfin, elle la traitait avec respect et, surtout, sa présence faisait du bien à sa petite-fille.

« Elle garde souvent le silence, si longtemps que par moments on se demande si elle est encore là, disait-elle en astiquant le *butsudan*. Et puis tout à coup la voilà qui parle – je te jure que chaque fois j'en sursaute –, et tu verrais comment Takeshi et Hana se figent et tendent l'oreille… Ils ne perdent pas un mot de ce qu'elle dit. Tu sais combien Takeshi est distrait, pourtant, quand on s'adresse à lui, non ? Eh bien, dans ces moments-là, j'ai l'impression de le revoir enfant, lorsqu'il faisait ses devoirs sur la table de la cuisine. Tu t'en souviens ? Il était si absorbé qu'on avait beau l'appeler, il ne bronchait pas. »

Ce qui avait surpris la vieille dame, c'était qu'à la radio la voix de Yui fusait, agile et cadencée ; elle l'avait écoutée une fois, par curiosité, et en était restée sidérée : elle semblait appartenir à une tout autre personne.

Tandis que la mère de Takeshi s'efforçait de la décrire de son mieux à feu son mari, Yui, telle une colombe, préparait son nid. Chez elle, elle aménagea un petit coin pour que la petite puisse faire ses devoirs et jouer quand elle se chargeait d'aller la chercher à l'école. Elle l'emmenait parfois à la radio car l'idée de parler dans un micro enchantait Hana. Pour elle, diffuser sa voix jusque dans des lieux éloignés et toucher des dizaines de milliers d'inconnus reliés entre eux par cette mystérieuse écoute relevait de la magie.

« C'est comme le Téléphone du Vent, non ? avait-elle murmuré un jour que Yui lui attachait les cheveux avant d'entrer dans le studio – on l'avait autorisée à se tenir près de Yui à condition qu'elle promette de ne faire aucun bruit. Tu parles aux gens mais tu ne sais même pas qui t'écoute. N'empêche, tu entres chez eux et tu les rends heureux.

— Heureux, ce n'est pas sûr, en tout cas je leur tiens compagnie.

— Est-ce que ce n'est pas un peu pareil ? »

Face au miroir, Yui avait lissé les fines tresses de la fillette, tout émue.

La nouvelle tomba dans ce climat enchanté : M. Suzuki était souffrant et, dorénavant, on ne pourrait plus accéder librement au Téléphone du Vent. Il faudrait s'inscrire en envoyant un e-mail ou un fax afin qu'un bénévole, selon ses disponibilités, se charge de l'accueil.

Quelques jours plus tard, ils apprirent qu'un violent typhon allait s'abattre sur le mont de la Baleine.

52

Extrait de l'émission radiophonique que la mère de Takeshi écouta pour entendre la voix de Yui

« La façon dont nous avons tous intégré l'idée de croissance, croissance des entreprises, croissance individuelle, personnelle, c'est quelque chose qui, comment dire, minore constamment l'existant par rapport à un futur censé toujours être meilleur, pourvu de davantage de ressources, de moyens, d'outils… Eh bien, ce modèle qui pour notre auditeur, M. Matsumoto de Shizuoka, n'est autre que le capitalisme dans son sens le plus strict, n'est pas… n'est plus viable, justement. Que peut-on lui répondre ? Vous, que lui répondez-vous ?

— ...

— Professeure Tsubura, nous touchons ici à un nœud, c'est un débat qui, même sur un plan académique, existe depuis des décennies, eh non, et (*voix posée, comme pour une citation*) "le marché s'autorégulera grâce à l'innovation technologique dans un contexte politique donné", a dit la professeure Satô… ensuite, il faudrait préciser quel sera ce contexte politique et ce qu'il devrait être…

cependant, plus généralement, au sein du modèle capitaliste que nous incarnons, disposons-nous des ressources pour atteindre nos objectifs à l'horizon 2030, ou bien... vous, espérez-vous un changement de paradigme ? »

II

1

Le typhon se déchaînait, le mont de la Baleine était sens dessus dessous.

Le grand cétacé semblait vouloir replonger dans l'eau, revenir à l'océan qui, un peu plus bas, s'élevait en vagues monstrueuses. La bête défiait le monde, elle l'apostrophait en hurlant.

Sous les yeux de Yui, le jardin de Bell Gardia se soulevait puis retombait.

Elle pensa qu'elle touchait au point de non-retour.

Tandis que le ciel se fracassait et tombait en morceaux, Yui ouvrit grands les bras ; d'instinct, à rebours de tout bon sens. Et ce fut comme si toutes les voix qui avaient conflué au fil des années à Bell Gardia s'élevaient, formant un tourbillon qui l'enveloppa. C'était un vortex, une spirale effrénée s'enroulant autour de ses jambes, de ses bras.

Elle crut même les voir, pareilles à ces cerceaux de hula hoop que les enfants font tourner autour de leur taille.

Parents défunts, enfants perdus, ancêtres pulvérisés par l'Histoire et amis disparus : les voix de tous ceux qu'on avait appelés du Téléphone du Vent revenaient ici, sur les lieux d'où on les avait convoqués pour la première fois.

Yui perdit l'équilibre, elle se pencha à nouveau pour s'accrocher au banc, son seul point d'ancrage au milieu de ce tohu-bohu d'une effroyable violence.

Elle leva les yeux vers le toit de la maison de Bell Gardia : la banderole n'y était plus. Le vent gonflait ses manches et polissait son corps avec frénésie. Des caresses appuyées, sans répit, qui peu à peu se transformèrent en chocs fortuits, en gifles ciblées puis en coups féroces. On pouvait tuer quelqu'un de cette manière, elle l'avait lu dans un roman[1].

Entortillée dans le cocon de plastique qu'elle lui avait confectionné, la cabine téléphonique vibrait dangereusement.

Les rafales soulevaient branches et feuilles, et quantité d'objets dont Yui distinguait à peine les formes : là ce devaient être des tuiles et plus loin des outils de jardinage ; des pots roulaient en tous sens tels les virevoltants des prairies américaines ; un sac en plastique s'élevait dans les airs, toujours plus haut.

Yui avait l'impression d'assister à une scène tournée dans l'espace, en apesanteur, où tout ce qui d'ordinaire était fixe se défaisait. Sous l'effet du vent, la gravitation perdait son statut de loi fondamentale pour n'être plus qu'une option, à laquelle tout pouvait désormais échapper.

Tout, se dit-elle, pouvait s'écrouler.

« C'est injuste, murmura-t-elle. Ce lieu est sacré. » Rien n'aurait dû pouvoir l'altérer.

Brusquement, une étincelle traversa son champ de vision : des fils qui se tordaient depuis un moment

1. Rieko Matsuura, *Pénis d'orteil*, traduit du japonais par Jean Campignon, Paris, Philippe Picquier, 1993.

dans le ciel d'étain s'abattirent en crépitant sur la route. Deux poteaux électriques chutèrent à leur tour.

Le fracas de la bourrasque qui frappait la montagne était tel que Yui n'entendait pas l'océan rugir. Les flots étaient probablement démontés mais, à cette distance, elle ne pouvait pas les voir tant l'air était saturé de terre.

Tout à coup, à l'entrée du sentier, l'arche s'inclina et, un instant après, se fracassa au sol ; le premier piquet que Yui avait planté fut le premier à sauter. Tétanisée, elle ne parvint pas à se lever pour le remettre en place : chaque muscle de son corps était tendu par l'effort surhumain qu'elle faisait pour résister à la force de la tempête.

Un lampadaire clignota avant de s'écraser par terre ; une nuée d'étincelles jaillit en grésillant.

Tout s'éteignit à Bell Gardia, même les quelques lueurs restées allumées jusqu'ici. La nuit prit le pas sur le jour et, au-delà de la colline, Ôtsuchi bascula dans l'obscurité. Le black-out allait durer des heures.

Yui prit enfin conscience des risques qu'elle courait et, en proie à cette peur ancestrale qui pousse les créatures à craindre les ténèbres, elle n'aspira plus qu'à être ailleurs.

Elle avait commis une erreur d'évaluation. « Se surévaluer est toujours une faute, lui serinait sa mère quand elle était petite. Mais se sous-évaluer est une faute bien plus grave. »

Laquelle des deux, maman, est la pire ?

2

Réponse probable de la mère de Yui à sa question

« Je te l'ai déjà dit, ma chérie, le plus grave, c'est de se sous-évaluer. »

(Et d'ajouter aussitôt :)

« Mais seulement quand il ne s'agit pas de se mettre physiquement en danger. »

3

Une fois en déroute, l'espoir s'égare, incapable de retrouver son chemin.

Comme, en tirant sur un fil de laine, on défait en un instant un tricot tout entier, Yui sentit soudain s'évanouir sa certitude d'avoir fait le bon choix. Et s'il lui arrivait quelque chose ? Comment Hana réagirait-elle ? Lui pardonnerait-elle jamais cette imprudence ?

Et Takeshi ? Takeshi ?

Elle l'aimait, après plus de trois ans, elle le savait désormais. Et lui aussi l'aimait, il le lui avait laissé entendre en mille occasions, même si elle feignait de ne rien comprendre, baissait les yeux, tergiversait. Pour elle, être prêt signifiait aussi comprendre, et quand on avait compris et que l'autre le savait, on n'avait plus le droit de se cacher derrière le silence ou une excuse. Le silence devenait un refus ; et si Yui n'était pas prête pour le bonheur, elle était fort mal préparée à la souffrance : au fond, elle n'avait aucune intention de lui dire non.

Et pourtant, prononcer ce oui avec conviction aurait de si lourdes conséquences. Une existence complètement différente s'ensuivrait, qui remiserait définitivement la précédente, carton qu'on scelle d'un morceau de ruban adhésif, qu'on charge dans un camion et adieu la vie d'avant.

Elle se le répétait constamment, comme pour affermir ses pas sur la terre : *Tu dois en être sûre, Yui. Tu dois en être sûre.* Parfois, elle commençait à se le dire dès le matin, quand l'envie de l'aimer se faisait inexplicablement plus aiguë. Ces jours-là, pris au ralenti, son petit déjeuner s'éternisait, elle faisait durer chaque bouchée et son café refroidissait avant qu'elle le porte à ses lèvres ; devant la télé allumée, elle écoutait sans les entendre les prévisions météo, pour savoir si elle pouvait laisser son linge sur le balcon, après quoi il lui fallait zapper pour trouver un autre bulletin.

Ainsi Yui retardait-elle l'amour : en traînant à table et en changeant de chaîne.

Quand le cœur était prêt, c'était une tout autre histoire : on attendait l'allusion en transe, et chaque jour passé sans qu'elle survienne était un supplice de Tantale.

La veille au soir, une fois Hana couchée, Takeshi s'était décidé à parler.

Il débarrassait la table et entassait la vaisselle dans l'évier ; Yui préparait le petit *bentô* de la fillette.

« Il faudra acheter des sachets de *furikake*, dit Yui en lui montrant un étui vide orné d'Anpanman. C'est le dernier. »

Takeshi lâcha l'assiette décorée de Hana et dans la bassine la mousse se souleva avec une molle lenteur ; une bulle s'envola et Yui, amusée, souffla dessus, en direction de Takeshi.

Il la regarda. « Yui, pourquoi ne viens-tu pas vivre ici ? »

Des années plus tard, Takeshi ne saurait toujours pas expliquer pourquoi il avait choisi ce moment-là plutôt qu'un autre. Il y pensait depuis plusieurs mois, caressant cette idée comme on projette une maison qu'on rêve d'habiter longtemps, avec une entrée spacieuse, une pente douce vers le salon, une salle de bains lumineuse.

Il tenait à Yui, à leur amitié, au-delà de tout ce qu'ils pourraient devenir l'un pour l'autre. Il tiendrait compte du moindre signe d'éventuel refus, il se garderait de toute précipitation en n'usant pas de mots difficiles à retirer.

Au lieu de quoi.

Au lieu de quoi il avait lancé cette phrase insensée, entre la cuisine et le séjour.

Les longues baguettes en bois restèrent suspendues, pinçant une croquette de tofu et patate douce, et Yui eut du mal à se rappeler où elle en était de ses préparatifs : le riz, les fraises fraîchement coupées, les biscuits en forme de lapin, les bandes de ruban adhésif pour sceller les bords du couvercle du *bentô*.

« Vivre ici », répondit-elle. Ce n'était pas une question. Elle s'appuyait plutôt sur l'écho de ses mots pour ne pas faire d'erreur.

« Ta place est avec nous : nous formons une famille, toi, Hana et moi, et puis Tora maintenant. Il ne reste plus qu'à le formaliser. »

Takeshi s'approcha d'elle par-derrière, recouvrant son corps menu comme une carapace. En sentant ses omoplates toucher son torse, Yui perçut distinctement la métamorphose en acte.

Ils se faisaient arbre, écorce et bois ; de leur peau surgissaient de longs rhizomes sur lesquels pointaient sans cesse des bourgeons qui, en fleurissant, se mêlaient, reliant leurs corps l'un à l'autre.

Une telle métamorphose ne se produisait qu'une seule fois dans une vie.

Takeshi l'étreignit impétueusement, le visage niché contre son cou, en répétant comme une litanie *suki, Yui no koto ga suki*[1].

« Avec Hana, c'est toi la personne la plus importante dans ma vie, murmura-t-il ensuite, en baissant encore la voix d'un ton. Je vais me coucher maintenant, et toi, penses-y. Nous en reparlerons demain, si tu le souhaites. »

C'est ainsi que Takeshi avait conclu sa déclaration, sans même lui donner un baiser.

Était-ce cette immense promesse de bonheur qui l'avait effrayée ? se demandait à présent Yui. Était-ce cela qui l'avait poussée à prendre la route de Bell Gardia en pleine nuit pour s'exposer au risque mortel du typhon ?

Elle chassa cette idée : non, la peur n'y était pour rien, c'était plutôt l'inverse. Elle s'était sentie si heureuse de cette certitude – d'aimer et d'être aimée en retour – qu'elle avait cru que ce sentiment la protégerait.

1. « Je t'aime, Yui, je t'aime. »

4

Le contenu du *bentô* préparé par Yui pour Hana ce soir-là

Du riz cuit (de la variété *koshi-hikari*).
Deux fleurs de brocoli.
Deux petits morceaux d'aubergine à la vapeur.
Un champignon de Paris.
Une croquette de patate douce et tofu.
Deux bouchées de poisson à la sauce de soja.
Un sachet de *furikake* au saumon à l'effigie d'Anpanman.

À part : un petit muffin à la banane, deux biscuits en forme de lapin, six fraises coupées, un yaourt nature.

Note : D'émotion, Yui oublia de glisser les fraises et le muffin dans le *bentô*. Elle brisa également l'oreille droite d'un des deux lapins.

5

Autour de Yui, le vent continuait à tout démanteler. Arrachée à l'obscurité, la matière du monde était jetée dans la mêlée, comme les êtres humains au réveil, ceux qu'elle rencontrait parfois à l'aube à Tôkyô, usés, souvent éreintés avant même que le jour soit tout à fait levé.

Et alors que le ciel du Kujira-yama vomissait sa colère sur elle – et cette fois, songea Yui, personne n'était là pour lui soutenir le front –, elle désira de toutes ses forces être ailleurs : auprès de Takeshi, en sécurité dans ses bras ; la jambe de Hana chevauchant la sienne, comme quand ils feuilletaient ensemble des livres de contes et des albums illustrés, serrés les uns contre les autres sur le canapé pour se tenir chaud, tels les singes de l'île d'Hokkaidô[1] qui faisaient tant rire la petite.

Les *bras* de Takeshi, une *jambe* de Hana.

Et si, avec sa déclaration maladroite, Takeshi lui

1. Une réserve y a été créée en 1964 pour préserver les macaques locaux, lesquels ont pris l'habitude, l'hiver, de se réchauffer en se baignant dans l'eau chaude d'une source thermale. C'est aujourd'hui une attraction touristique.

avait aussi confié un morceau de son corps ? Si lui aussi, à son insu, lui avait donné à garder un de ses pieds, son foie, l'une de ses artères ?

Et si Hana, en lui serrant fort la main au retour de l'école, avait glissé dans sa paume un de ses yeux noisette, le grain de beauté qu'elle avait au-dessus du nombril, sa peau ?

Comment réagirait-elle si Yui venait à disparaître à son tour ?

Cette pensée l'ébranla. Il était trop tard pour se réfugier dans la remise de la maison de M. Suzuki, ou chez la vieille dame au chien. Si elle lâchait prise, elle risquait de s'envoler, telle la fillette aux souliers rouges du *Magicien d'Oz*.

Tandis qu'elle s'imaginait, ridicule poupée désarticulée voltigeant dans les airs, en chute libre vers les bois à flanc de colline ou vers la mer, Yui pensa que le monde devait être né d'un semblable chaos. Les tsunamis devaient bien avoir leur raison d'être ; ils brassaient le cosmos, à l'instar des séismes, des inondations, des glissements de terrain et des éboulements ; tout ce qui était un désastre pour l'homme, tout ce qui le brûlait, le noyait, le démembrait, tout ce qui en somme l'anéantissait sauvait l'équilibre du monde.

Yui s'efforça alors de penser à tout ce qui était tempête. Une manière de faire passer le temps, car dans une heure le typhon se lasserait certainement de piétiner cette parcelle du monde. Elle se découvrirait peut-être blessée, saignant à des endroits insoupçonnés, mais sauve.

« Je vais bien, il ne m'est rien arrivé ! » s'exclamerait-elle en retrouvant Hana et Takeshi. Elle commencerait par les rassurer : les morceaux qu'ils lui avaient confiés étaient en sécurité. Puis elle leur promettrait de ne plus jamais oublier qu'être aimé implique d'énormes responsabilités, en particulier celle de s'aimer soi-même.

Soudain, un fracas formidable retentit. Yui reçut un coup violent. Quelque chose s'écroula.

Puis un sifflement s'éleva au loin, une sorte de chant lugubre qui venait des tréfonds de la terre.

Trempée, accrochée à rien d'autre qu'au poids ridicule de son corps, Yui resta au sol.

Les bras inertes, le visage relâché.

Le vent en fit sa chose et la ballotta comme il l'eût fait d'une boîte vide.

6

Ce que pensa Yui
juste avant de s'évanouir

Oh.

7

Le poison est l'antidote du poison.

C'est le vent, son incroyable furie, qui sauva Yui.

La légende circula bientôt qu'une femme venue défendre le Téléphone du Vent avait été protégée par lui. On raconta que c'était grâce au souffle de tous ceux qui, par dizaines de milliers, étaient venus là-bas invoquer leurs défunts ; ou grâce aux défunts eux-mêmes qui, même si personne ne pouvait les entendre, répondaient aux vivants par un soupir ou une caresse ; certains avancèrent que c'était grâce à l'union des deux, portée par la présence naturelle du vent sur la colline d'Ôtsuchi.

Tout cela s'était agrégé pour faire bloc contre l'ouragan et la protéger.

La région fut privée jusqu'au soir d'eau et d'électricité. Un éboulement abattit des centaines de pins, les pluies dévastèrent les champs bien au-delà de la montagne. Plus à l'ouest, on put voir, au-dessus des maisons cernées par la boue, la protection civile hélitreuiller des vieux en civière, le black-out ayant causé de graves accidents domestiques ; nombre de chiens et de chats furent perdus, des voitures retournées par le vent, un camion et tout son chargement de pommes provenant d'Aomori se renversa sur l'autoroute, embaumant la chaussée.

Quand enfin Yui fut retrouvée, tout autour d'elle avait été dévasté.

Une bonne partie des tuiles du toit de la maison s'était éparpillée dans le potager, saccageant les plants d'aubergines et les pieds de tomates.

La cabine s'était arrachée de sa base et avait basculé, sans toutefois heurter Yui : elle avait au contraire fait office de rempart, la préservant des débris qui fouettaient l'air.

Yui était restée ainsi, sous son auvent de plastique, coincée entre le banc et la cabine : on aurait pu croire que tous deux s'étaient concertés pour lui céder des pans de la bâche dont elle les avait enveloppés et l'abriter.

Il aurait suffi d'une rafale de plus pour qu'ils basculent encore et l'écrasent, lui broyant la tête, mais si Yui était meurtrie, ses blessures étaient moins graves qu'elles n'auraient pu l'être, au vu des circonstances.

C'est grâce à Keita, le lycéen du village voisin, qu'elle fut secourue. Inquiet de l'état de Bell Gardia, il avait attendu la fin de la phase la plus destructrice de l'ouragan puis, son père refusant catégoriquement de le laisser y aller seul, il avait accepté qu'il l'y accompagne en voiture.

Le garçon fut médusé par l'aspect du jardin : un capharnaüm de vert et de brun parsemé de détritus ; malgré tout, l'essentiel, c'est-à-dire ce qui constituait la géographie de Bell Gardia et du Téléphone du Vent, lui apparut comme enveloppé d'une toile d'araignée. Un arachnide virtuose semblait avoir repéré puis neutralisé sa proie, avant de l'emmailloter soigneusement dans sa soie pour la conserver entière.

L'arche était tombée, ainsi que la cabine qui gisait

sur le flanc, parallèle au banc, mais tout le reste semblait intact.

Soudain, son père s'écria : « Hé ! Il y a quelqu'un ici ! Dépêche-toi ! » et Yui fut retrouvée.

Un gros hématome marquait son visage, à l'endroit où quelque chose l'avait heurtée avec violence. Toutefois, sa respiration était régulière et son pouls aussi.

Ils la portèrent avec précaution jusqu'à la voiture et se mirent aussitôt en route. Keita conduisait lentement, évitant les branches et les pierres qui, çà et là, encombraient la chaussée ; plusieurs fois il dut descendre pour les pousser dans le fossé. Le vent soufflait encore avec force et les bois, aux environs de l'hôpital, secouaient leur chevelure, comme pris d'ivresse.

À l'arrière, son père soutenait la tête de Yui, en se demandant quoi dire au médecin des urgences : son cou ployé, le sang séché sur sa cheville, la posture bizarre de son bras, peut-être démis. Il tentait par moments de la réveiller en répétant son nom : Hasegawa, lui avait dit son fils, mais M. Suzuki l'appelait Yui.

De leurs rencontres, Keita avait gardé l'impression d'une personne très douce, réservée ; debout à la lisière de la propriété de Bell Gardia, contemplant la baie ; grignotant du chocolat, toujours vêtue de rouge.

Le père de Keita baissa les yeux sur la jupe de Yui, rouge en effet, et évasée, sur son pull moulant souillé de boue et de feuilles, dont il n'avait d'abord remarqué que les accrocs et les déchirures.

Mais qu'est-ce qu'elle faisait ici par ce temps ? se disait-il, incrédule à l'idée que ce corps si menu et si meurtri ait pu accomplir une tâche aussi titanesque.

Et pourtant, tout avait bel et bien été emmailloté de bâches en plastique et de ruban adhésif, et fixé au sol. C'était forcément elle, qui d'autre sinon ?

8

Les nom et prénom de Yui

Hasegawa 長谷川
Yui ゆい

Note : La mère de Yui choisit de lui donner un nom en *hiragana* comme augure « pour une vie simple et harmonieuse ».

9

Yui venait à Bell Gardia tous les mois, expliqua Keita. Elle avait perdu sa fille et sa mère lors du tsunami de 2011.

« Quelle horreur ! » murmura son père et, d'instinct, il caressa du dos de la main le visage de la femme qui reposait sur ses genoux.

Oui, c'était une bien triste histoire, mais tous ceux qui fréquentaient le jardin de M. Suzuki avaient la leur (« Moi aussi, non ? »). Pour autant, cela ne faisait pas d'eux des personnes déprimées, ni déprimantes. Au contraire, il avait fait là-bas des rencontres passionnantes.

« Et de toute façon, des gens heureux, *complètement* heureux, tu en as déjà croisé, toi ? Ça m'étonnerait.

— Parler avec sa mère et sa fille doit beaucoup la consoler… »

Maintenant qu'il y pensait, Keita ne l'avait jamais vue entrer dans la cabine.

« Je ne sais même pas si elle leur a jamais parlé. »

En revanche, elle flânait dans le jardin, parcourant les allées de long en large et se penchant pour caresser les plantes. Souvent, elle passait sous l'arche en levant les yeux sur la cloche qui tintait au-dessus de sa tête, elle observait les bourgeons et les gemmes ; elle écoutait le vent, disait-elle.

« La plupart du temps, elle se tait, mais quand elle parle, elle dit parfois des trucs assez drôles. Un jour, elle nous a avoué que quand elle réfléchit intensément à quelque chose, elle finit par en parler à voix haute, sans faire attention, et que les gens la prennent pour une folle, raconta Keita en riant.

— Sais-tu que ta mère faisait pareil ? Quand elle était plongée dans ses pensées, il lui arrivait de bouger les lèvres et de temps en temps on l'entendait aussi. Dans le train, ça n'enchantait pas toujours ses voisins », répliqua son père en joignant son rire au sien.

Quand sa femme était morte, leur relation était à son déclin, comme c'est le cas chez certains couples au bout de cinquante ans. Mais son fils n'aurait pas compris qu'il fût soulagé de l'aimer un peu moins fort au moment du déchirement.

Son deuil n'était pas encore tout à fait terminé, mais le père de Keita avait moins souffert qu'on n'aurait pu le croire. En revanche, son sentiment de culpabilité s'était allumé avec la netteté d'un projecteur de poursuite, et son faisceau pointait l'endroit précis où elle avait été et où elle n'était plus.

Il s'était donc juré de manifester chaque jour son attachement à sa défunte épouse pour expliquer à ses enfants ce qu'était l'amour. Pendant une période, qui venait tout juste de s'achever, il avait même craint de se prendre à son propre jeu et de retomber amoureux pour de vrai.

Son cœur s'était serré quand il s'était mis à rêver de la jeune fille qu'il avait rencontrée l'été de ses seize ans, sur la plage où il accostait, blessé mais heureux d'avoir ramassé tant d'oursins dans cette mer qu'ils fréquentaient tous deux depuis l'enfance.

La séquence, qui se concluait par les soins qu'elle lui prodiguait et par leur premier baiser – le premier qu'il avait donné à une femme qui n'était pas sa mère –, se répétait nuit après nuit, toujours identique.

« Elle a dû arriver à l'aube, pour réaliser un travail pareil », reprit Keita, sans deviner les tourments secrets de son père. Il ne cessait de penser à ce labeur stupéfiant, à la ténacité dont Yui avait fait preuve malgré son corps si frêle. C'était forcément elle, l'araignée qui de sa soie avait protégé Bell Gardia.

« Au fait, tu as remarqué la voiture garée devant le jardin ? » et en achevant sa phrase, Keita comprit pourquoi, depuis le début, la situation paraissait insolite : Yui était venue seule, sans Takeshi.

Il eut du mal à expliquer cette impression à son père, il n'y avait là rien d'impossible et pourtant, vaguement, quelque chose lui avait semblé sonner faux.

« Elle vient toujours en compagnie d'un homme, M. Fujita, dit-il. Je ne crois pas les avoir jamais vus l'un sans l'autre. C'est bizarre, chaque fois ils font le voyage ensemble depuis Tôkyô.

— Depuis Tôkyô ? Mais c'est très loin ! » s'exclama le père de Keita, stupéfait. Il chercha sur le visage de Yui des signes de la capitale, de cette mégapole qui engloutissait tous les Japonais et où, pendant ses quatre années d'université, il avait habité lui aussi, éprouvant tour à tour des phases d'euphorie et de rage devant la foule des passants qu'il croisait dans la rue.

Il se mit à fouiller les poches de Yui, avec la gêne qu'on ressent à toucher le corps d'une étrangère. Dans le feu de l'action, il n'avait pas pensé à chercher son portable. « Il faut absolument prévenir cet homme. Tu as son numéro ?

— Non. M. Suzuki l'a peut-être, mais il est à l'hôpital, tu sais bien. Je ne sais pas où le trouver.

— Elle n'a rien sur elle, son sac a dû rester dans sa voiture. Il faut le récupérer.

— Je le ferai, mais plus tard, quand l'hôpital l'aura prise en charge.

— Es-tu sûr qu'il n'était pas lui aussi à Bell Gardia ?

— Certain, en tous cas, pas dans le jardin, je l'aurais vu. Ailleurs, dans les environs, qui sait ? Il faut vite l'appeler pour s'assurer de ça aussi. »

10

La sensation qu'éprouva Keita et qu'il eut du mal à expliquer à son père (1) – qui bizarrement ressemblait à la perception qu'avait Yui de la nostalgie – et les occasions où il la ressentait le plus intensément (2)

(1) « C'est comme quand quelque chose a l'air droit, mais reste légèrement de travers, quelque chose qui te semble net quand tu le vois, mais tout de même vaguement flou, un peu hors champ ; quelque chose d'exact en théorie, mais qui te paraît un peu faussé. »

(2) « Quand un fumeur laisse tomber son mégot. Au Nouvel An, depuis que ma mère est morte, et que le dîner du réveillon a bon goût, et même un goût exquis, mais différent. Quand ma sœur se met du rouge à lèvres avant de sortir et qu'on dirait une femme. Chaque fois que l'un de nous rentre à la maison sans entendre maman lui dire *okaerinasai*[1]. »

1. « Contente de te voir de retour. »

11

Takeshi ne découvrit que tardivement la disparition de Yui.

Depuis des jours, ils s'inquiétaient de l'état de santé de M. Suzuki. Les e-mails échangés avec sa femme ne leur avaient pas permis de comprendre s'il souffrait d'un trouble passager ou d'une maladie plus grave.

Takeshi voyait bien que Yui était bouleversée à l'idée que Bell Gardia soit fermé à ceux qui en avaient besoin.

Bell Gardia sauvait des vies, le jardin devait rester accessible, répétait-elle.

Pourtant, répliquait Takeshi, les séminaires qu'on y organisait avaient bien pour objectif de rendre les visiteurs moins dépendants du lieu, non ? Il fallait qu'ils s'en détachent, qu'ils apprennent à distancier l'idée de la chose, pour recréer un endroit similaire dans leur propre jardin ou alors, pourquoi pas, imaginer une boîte spéciale où glisser des lettres sans adresse.

Il était dix heures ce soir-là quand ils allumèrent la télé. Ils voulaient seulement consulter le bulletin météo pour savoir s'il fallait sortir les chaussures en caoutchouc de Hana – le typhon ne fera que nous frôler, ils l'ont dit ce matin.

Un homme vêtu d'un imperméable, tenant un micro dans une main et retenant sa capuche de l'autre, commentait avec force gestes le typhon qui arrivait dans un rectangle à droite de l'écran ; dans celui de gauche, un journaliste au sourire poli pointait sa baguette sur un graphique compliqué. Cette juxtaposition du correspondant trempé et du commentateur impeccable dans son studio avait un je-ne-sais-quoi de cruel.

« Qui va protéger Bell Gardia ? » demanda Yui.

Ne sachant quoi lui répondre, Takeshi tenta de la rassurer en lui faisant remarquer que si le jardin subissait des dommages, ils y remédieraient plus tard. Ils en avaient souvent parlé, non ? Ce qui comptait, c'était le symbole, pas l'objet, et il pourrait y avoir un autre téléphone, dans une autre région.

Yui fit un geste vague, oui, elle en convenait, pourtant elle semblait toujours aussi perturbée. Takeshi se mit donc à parler de courses à faire, de la passion absurde de sa mère pour les petits tapis dont elle remplissait sa maison, fleuris dans le séjour, rayés dans la salle de bains. Puis, tout en débarrassant, il détailla son emploi du temps à l'hôpital et évoqua les indiscrétions qui circulaient sur le nouveau médecin-chef qui devait arriver en avril.

Et soudain, tandis que Yui, qui lui tournait le dos, préparait le *bentô* de Hana, il lâcha cette phrase explosive.

Il ne lui dit pas ce qu'il aimait chez elle, il y avait tant d'aspects de Yui qu'il aimait ; pas seulement à cause de Hana, même si cela comptait pour beaucoup. Il discernait dans ce sentiment des sentiers qui ne menaient qu'à Yui : son approche toujours pratique des situations par exemple ; son geste sensuel pour rejeter ses cheveux en arrière, comme si elle repoussait une vague ; sa manière d'accompagner les portes des deux mains ; le ton constamment posé de sa voix.

Bien qu'il ait toujours aimé les femmes bien en chair et de nature joviale, il lisait la silhouette fluette de Yui, les lignes apparentes de son ossature comme une carte. Regarder son corps, surtout l'été, c'était en distinguer les os, apprendre leur agencement, suivre la route d'une veine jusqu'à sa jonction avec une autre.

Mais trivialement, il lui dit seulement qu'il l'aimait, répétant sans trêve ce seul mot : *Suki.*

Avait-il mal fait ?

Elle sourit mais ne laissa rien paraître, et il craignit qu'accoutumée à la douleur elle ne s'enferre dans cette résistance au bonheur qui survient généralement après un grand deuil. Il refusa toutefois de s'abandonner au pessimisme ; non, plus il y réfléchissait, plus il se persuadait qu'il devait garder confiance. L'amour finit par convaincre, à la longue.

Il s'endormit en méditant sur l'opportunité d'afficher son assurance, le lendemain matin, en posant sa main sur ses doigts fins pour lui exprimer sa joie qu'elle soit là avec eux pour le petit déjeuner une fois encore. Si seulement cela pouvait être ainsi tous les jours !

12

Détails de la scène de la déclaration de Takeshi à Yui

À l'arrière-plan défilait le générique de fin de *In the Mood for Love* (2000) du réalisateur Wong Kar-wai, un des trois films préférés de Yui. Le premier mot de Takeshi tomba pile au moment où apparaissaient les crédits photographiques.

Takeshi portait un jean souple de la marque Uniqlo et un sweat noir à l'effigie de Dark Vador, Yui un survêtement avec la face ronde de l'ourson Rilakkuma imprimée dessus, un cadeau de Hana pour son anniversaire.

Tous deux étaient pieds nus.

Note 1 : Personne n'avait offert ce sweat à Takeshi, il se l'était acheté lui-même.

Note 2 : *Star Wars* était la saga favorite de Takeshi.

Note 3 : L'anniversaire de Yui tombait le 23 juin.

13

Bien des heures plus tard, à l'hôpital, c'est Shio, le jeune homme à la bible, qui les réunit. On ne l'avait pas vu à Bell Gardia depuis un bon bout de temps, Takeshi et Yui s'étaient d'ailleurs demandé si, par hasard, quelque chose de leurs conversations avec M. Suzuki avait transpiré et si Shio les évitait. M. Suzuki avait tenté de les rassurer sans les convaincre tout à fait. Tous deux avaient connu la crainte de susciter la pitié d'autrui, et savaient ce que cette sensation avait de déprimant, plus encore que la peine qui vous accablait.

En réalité, ces derniers mois, Shio avait perçu un changement chez son père. Difficile de savoir comment la situation évoluerait. Il paraissait décliner. Et plus Shio observait des signes de ce déclin, plus il était déterminé à y assister jusqu'au bout. Il ne perdait plus son père de vue un instant, il voulait être là quand cela arriverait.

Il avait été pris d'une fièvre persistante qui, du soir au matin, montait et baissait. Personne ne s'était hasardé à appeler un médecin. Il avait lui-même insisté : s'il hurlait, qu'on le laisse hurler ; il fallait attendre de voir ce que déciderait la vie.

L'homme avait déliré pendant une semaine et son

entourage avait été littéralement stupéfait de constater que ce corps bouffi et vieilli depuis le désastre était encore capable d'émettre une voix aussi pure, au timbre assez puissant pour triompher de la mer et battre le rappel des vagues.

Pendant la journée, il prenait les rideaux de la maison pour des voiles, le panneau coulissant du *fusuma*[1] pour un côté de la cabine de pilotage de son vieux rafiot. La pièce était plongée dans la pénombre, les tantes y entraient pour lui apporter un plateau-repas frugal. Il refusait d'y toucher et si, auparavant, il occupait ses journées à voir passer les heures et à manger, à présent, il maigrissait à vue d'œil. « Il est en train de se suicider, il faut qu'il mange quelque chose, sinon il mourra », murmuraient les femmes, consternées, lorsque le soir venu elles récupéraient le plateau chargé de nourriture défraîchie.

Et puis le typhon était arrivé, déchaînant un boucan d'enfer ; un pot de fleurs avait défoncé la lucarne de la salle de bains et provoqué des dégâts considérables.

« Les morts reviennent ! » criait-il, et dans la maison tout le monde se bouchait les oreilles pour ne plus entendre une telle abomination.

Dehors, tout grinçait et gémissait, on aurait cru la mélodie discordante d'une fanfare de passage, s'enrouant à mesure qu'elle s'éloignait.

Quand la vitre de la porte d'entrée céda à son tour, en entendant les va-et-vient fébriles de ses proches qui luttaient contre ce vent de malheur, charriant branches et boue, le père de Shio se leva et vint voir ce qui se passait ; habitués à l'ignorer, aucun d'eux ne s'aperçut

1. Écran opaque coulissant servant de porte ou de cloison amovible dans l'habitat traditionnel.

qu'il s'était remis à voir – à voir vraiment – ce qu'il avait sous les yeux.

Si le déluge universel de la Genèse l'avait brisé, celui-là lui fit l'effet du baptême du Nouveau Testament et, au lieu de l'achever, il le réveilla.

Le père de Shio éclata en sanglots, puis il se pelotonna comme un chat, tout tremblant. Il pleurait avec tout son corps, avec ses yeux, sa gorge et son dos, on ne l'avait pas vu dans cet état depuis l'agonie de sa mère, qui avait été pour lui un naufrage.

« Il n'arrête pas de pleurer, dit-il à Takeshi et à Yui. Personne n'arrive à le calmer, et il continue à s'excuser, mais il va beaucoup mieux, c'est évident. »

La tête entourée d'un large bandage, Yui était allongée, ses bras couverts de pansements reposaient sur le drap. À la voir ainsi, sereine et joyeuse, on en oubliait l'hôpital ; debout à côté d'elle, Takeshi semblait juste être passé là par hasard, histoire de prendre le thé.

« Le médecin-chef dit qu'il faudra lui faire quelques examens neurologiques, mais il m'a paru plutôt optimiste », reprit Shio en regardant ses vieux amis.

Depuis des heures, il était euphorique. Cela avait commencé quand le médecin s'était assis sur le lit de son père pour se pencher sur sa poitrine et l'ausculter. Celui-ci s'était efforcé de rester immobile, mais il n'avait pu s'empêcher de tendre les mains vers le visage de son fils. Comme s'il le revoyait après des années d'absence, il avait murmuré : « Que tu es gentil ! » Shio s'était dépêché de reboutonner sa veste pour masquer son émotion, en clignant rapidement des yeux pour écraser les larmes qui perlaient à ses paupières.

« Bien, excellent ! Quelle merveilleuse nouvelle, Shio ! » s'exclama Takeshi, enthousiaste.

À cause du typhon, il lui avait fallu une journée pour arriver, mais entre-temps, Yui avait repris conscience et avait été capable de donner sa date de naissance et le numéro de téléphone de Takeshi. Elle avait demandé à Keita dans quel état était Bell Gardia et celui-ci l'avait rassurée : en quelques jours, tout serait réparé.

Quand il avait reçu l'appel de Keita, Takeshi avait cru mourir de peur. Il ne parvenait toujours pas à réaliser que tout s'était bien terminé. *Un coup de chance pareil*, se disait-il, *ne se reproduira plus jamais*.

Juste avant que la voiture de Keita n'arrive devant l'entrée des urgences, le typhon avait disparu dans l'océan. Une première déchirure laissa entrevoir une parcelle de l'immense étendue bleue derrière l'épaisse couche de nuages, un flot de lumière tomba du ciel et vint élargir la faille. Enfin, il fit jour.

Les enfants, surexcités par leur réclusion, se mirent à la fenêtre pour voir filer les nuages, tout là-haut, vers l'orient. Leur migration durerait des heures.

La température s'éleva d'un coup ; l'air fut vite saturé d'humidité.

En rentrant de l'école, ignorante du danger qu'avait couru Yui, Hana écrivit à son père qu'à Tôkyô, l'été semblait revenu, et avec lui les feux de la cérémonie d'hommage aux défunts. Takeshi lui répondit que là, c'était pareil : dans le jardin qui entourait l'hôpital, les cigales avaient repris leur chant assourdissant.

Le lendemain, un peu avant que Yui ne quitte sa chambre et qu'ils ne prennent la route, ils reçurent la visite de Keita, de son père et de sa sœur. Pleins de sollicitude, ils s'informèrent point par point de l'état de santé de Yui ; ayant été en première ligne pour son sauvetage, ils estimaient avoir le devoir et le droit d'en savoir davantage que les autres.

Seule Naoko, la sœur de Keita, une jeune fille au visage buté et aux mâchoires serrées, ne prononça pas un mot. Son père ne commit pas l'erreur de s'excuser pour elle, ni de la pousser à parler, ce qui détendit l'atmosphère.

Peu après, Shio arriva à son tour, le visage changé, les pans de sa blouse blanche voletant telles des ailes. « Nous voici ! » s'exclama-t-il, et ce pluriel prit sens sous leurs yeux en la personne de M. Suzuki, qui apparut juste derrière lui, suivi de sa discrète épouse.

Un chœur de surprise inquiète s'éleva aussitôt : « Monsieur Suzuki ! », « Comment allez-vous, monsieur Suzuki ? », « Ne devriez-vous pas vous reposer ? ».

Il allait bien, très bien, il n'avait eu qu'un léger malaise, rien de grave. Les médecins avaient suspecté une maladie plus sérieuse, mais les analyses avaient balayé toutes leurs craintes. « Une grosse peur, voilà tout », assura-t-il.

Sa femme s'excusa longuement pour les avoir tous alarmés à ce point. Elle était émotive, cette annonce sur le site avait été écrite et postée dans la hâte, elle le regrettait. Elle n'était guère rodée à ce genre de pratique et, hélas, elle avait eu tort.

Elle réitéra ses excuses, incapable de contenir son émotion. Son mari lui étreignit vigoureusement les épaules, mais elle ne cessa de s'incliner en répétant : « Excusez-moi, veuillez me pardonner. »

Il n'y avait pas de quoi s'excuser, vraiment, l'interrompit Takeshi, Yui était si attachée à cet endroit qu'elle y serait probablement venue de toute façon.

« C'est vrai, j'ai agi comme une inconsciente. Vous

n'y êtes pour rien, je vous assure, ajouta Yui en s'approchant d'elle. À l'idée qu'il risquait d'arriver quelque chose à Bell Gardia, au Téléphone du Vent et à tout ce que vous avez construit pour nous pendant toutes ces années, j'ai perdu la tête. Veuillez tous m'excuser ! dit-elle en s'inclinant. Moi qui n'osais plus parler au futur, j'ai été rattrapée par l'avenir », conclut-elle. C'était cela, la magie de Bell Gardia.

Émus par ce constat, tous acquiescèrent, à l'exception de la sœur de Keita qui, embarrassée par cette atmosphère singulière dont la teneur lui échappait, regarda par la fenêtre ; dehors, le beau temps faisait rage.

« C'est pareil pour lui, dit le père de Keita en se tournant vers lui, il ne faisait plus de projets et moi, je trouvais cela bizarre, parce qu'à son âge on a la vie devant soi. » Le garçon hocha la tête, même si de toute évidence il aurait préféré qu'on change de sujet.

« Nous sommes tous attachés à Bell Gardia, chacun à notre manière, intervint Shio. Ces dernières quarante-huit heures, nous avons reçu des centaines d'e-mails : des habitués qui s'inquiétaient du passage du typhon. Il va nous falloir des jours pour leur répondre à tous. »

Ce *nous* s'adressait à tous ceux qui se tenaient dans la chambre, qui semblait toute petite, ainsi comble.

Intrigués par ce brouhaha, ceux qui passaient dans le couloir lançaient des coups d'œil curieux. Puis une infirmière vint saluer Yui et, d'un geste poli, invita tout le monde à quitter les lieux.

« Nous sommes décidément trop nombreux, dit M. Suzuki sur le ton de la plaisanterie. Et puisque personne ne se décide à déboucher une bouteille de champagne pour fêter ça, nous ferions mieux de lever le camp. »

14

Bref échange entre Takeshi et Yui au sujet de la sœur de Keita, sur la route de Tôkyô

« Elle m'a paru bien calme, cette jeune fille.

— Je crois qu'elle était surtout très gênée.

— Tu ne l'as pas trouvée calme ?

— C'est difficile à dire. À cet âge-là, les jeunes sont énigmatiques, sauf quand ils sont entre eux.

— Pour moi, tous les adolescents sont l'incarnation de ce principe surréaliste…

— Lequel ?

— Je ne sais plus au juste… quelque chose comme "Seul ce qui est convulsif est beau".

— "Convulsif", c'est-à-dire excessif ?

— Oui, tout blanc ou tout noir, magnifique ou répugnant. C'est un âge sans demi-mesure.

— Et toi, comment étais-tu, adolescent ?

— Comme tous les autres : sans demi-mesure.

— Je me demande comment sera Hana à l'adolescence…

— Comme tous les autres : sans demi-mesure. »

15

Shio accompagna ses amis jusqu'à la sortie, suivant des yeux leurs silhouettes qui s'éloignaient au milieu du va-et-vient des patients, des infirmiers et des civières : il vit Takeshi saisir le sac de Yui et lui prendre la main ; il vit la sœur de Keita, Naoko, désigner les derniers nuages qui avançaient au ralenti dans le ciel. Il salua d'un geste M. Suzuki et son épouse, puis abaissa le bras devant les portes automatiques qui ne cessaient de s'ouvrir et de se refermer.

« Des amis ? demanda derrière lui une infirmière avec laquelle il déjeunait souvent.

— Oui, des proches avec lesquels je partage beaucoup de choses.

— Super, lâcha la jeune femme pour tout commentaire. Tu as terminé ? Tu m'accompagnes à la cantine ? »

Shio opina et, en lui emboîtant le pas, il sortit Job de sa poche.

À l'hôpital aussi tout le monde connaissait son obsession pour la Bible. C'était d'ailleurs cette infirmière qui, après un moment d'incrédulité (« Tu es chrétien ? Non ? Mais alors, pourquoi lis-tu la Bible ? »), lui avait donné l'idée d'en acheter une en plusieurs volumes, de façon à pouvoir l'emporter partout plus aisément. Aussi, après l'avoir intégralement lue, Shio l'ouvrait-il maintenant au hasard, comme s'il y cherchait une révélation.

« Que dit ta bible aujourd'hui ? lui demanda la jeune femme calmement en franchissant le seuil de la cantine. Un petit message à mon intention ? »

C'était une vraie question, nullement moqueuse. Elle aussi était convaincue que les mots, entendus ou lus un peu partout, surgissent fortuitement mais non sans dessein.

D'ailleurs, admettait-elle avec candeur, elle dévorait tous les horoscopes qui lui tombaient sous la main, même si elle n'y croyait pas ; à ses yeux, Bible et astrologie n'étaient guère différentes.

« Alors, qu'as-tu trouvé de beau ?

— Voyons un peu », murmura Shio, pensif.

La jeune femme posa son sac sur un coin de table.

« Ah, voilà ! s'exclama Shio. Écoute ça. »

Et aussitôt, il lut : « "Une parole m'est venue furtivement et mon oreille en a perçu le murmure[1]."

– Oh, joli, commenta la jeune femme, mais un brin trop poétique pour moi. »

Tandis qu'elle retraversait la salle pour consulter le menu à l'entrée, Shio prit conscience de l'importance primordiale du vent dans la Bible : c'était le vent qui avait poussé les sauterelles en Égypte, encore lui qui, en soufflant sur la mer Rouge, en avait divisé les eaux. Il se rappela, dans le premier livre des Rois, la rencontre d'Élie avec le Seigneur, l'attente de son passage sur le mont Horeb, et le vent qui…

« Qu'est-ce que tu prends ? l'interrompit l'infirmière et, devant la mine absorbée de Shio, elle ajouta, circonspecte : Quand on hésite, mieux vaut se rabattre sur le curry, on n'est jamais déçu. »

1. Job 4,12.

Déjà, elle saisissait plateau, baguettes et petites assiettes et se dirigeait d'un pas vif vers le buffet du curry.

Planté au beau milieu du réfectoire de l'hôpital, Shio, lui, faisait l'expérience d'une véritable révélation : il en était certain, c'était le Téléphone du Vent qui avait rappelé son père, qui l'avait fait revenir à lui.

Toutes ces années passées à invoquer sa présence à chaque respiration, tout le souffle dépensé pour son père, Dieu l'avait aspiré, le gardant en réserve à son intention.

C'est sans l'ombre d'un doute ce qui arrivait à chaque personne qui grimpait sur le mont de la Baleine, qui se dressait au-dessus de l'obscure vallée d'Ôtsuchi ; c'est ce qui attendait tous ceux qui montaient jusqu'au jardin venteux de Bell Gardia.

Soulever le combiné, faire tourner le cadran du téléphone puis, malgré le silence, parler était un acte de pure confiance. Oui, c'était bien cela, la clef : la confiance !

« Shio, viens ! Le curry va refroidir, et après, ça ne sera plus bon ! dit l'infirmière en lui flanquant son plateau dans les mains. Choisis, allez ! Dépêche-toi ! C'est bientôt la fin de ma pause, en plus.

— D'accord, désolé, je vais prendre le curry moi aussi », répondit le jeune homme en sortant son badge et sa carte prépayée.

Le vent est la respiration de Dieu, songea-t-il en posant l'assiette fumante devant lui.

« Tiens, ta cuillère, tu n'y penses jamais.

— C'est vrai.

— *Itadakimasu !*

— *Itadakimasu !* »

Au moment où tous deux joignaient leurs paumes en inclinant la tête, Shio se dit que non, le vent n'était pas la respiration de Dieu.

Le vent *était* Dieu.

16

Le passage du premier livre des Rois que Shio aurait lu à son amie si elle ne l'avait pas interrompu

« Un vent violent et fort déchirait les montagnes et brisait les rochers en avant de Yahvé : Yahvé n'était pas dans le vent. Après le vent, un tremblement de terre : Yahvé n'était pas dans le tremblement de terre. Après le tremblement de terre, un feu : Yahvé n'était pas dans le feu. Après le feu, le son d'une brise légère. Or, dès qu'Élie l'entendit, il se voila la face de son manteau et se tint à l'entrée de la grotte. Et voici qu'une voix lui parvint, qui dit : "Que fais-tu ici, Élie ?" » (19, 11-13).

17

À Tôkyô, en quelques mots, la vie reprit.

Pour Takeshi, ces quelques mots se résumaient à ceci : ils allaient se marier. Yui, Hana et lui vivraient sous le même toit.

Il ne lui fit pas de demande officielle, non parce qu'il manquait de cran, mais parce que après tout ce qu'ils avaient vécu, le mariage lui semblait être la seule conclusion logique. Tout les y poussait.

Quand Takeshi, un dimanche après-midi, déclara que mai serait un joli mois pour fêter leurs noces, Yui tressaillit. Elle s'efforça de ne rien montrer, même lorsque Takeshi lui demanda combien de personnes elle pensait inviter, et si elle préférait une cérémonie à la japonaise ou à l'occidentale.

Elle resta vague, laissant entendre qu'un simple mariage civil suivi d'une petite fête lui suffirait. Être au centre de l'attention la mettait mal à l'aise.

Devant la désinvolture de la proposition de Takeshi, Yui craignit d'avoir oublié la demande en mariage qu'il lui avait forcément faite en bonne et due forme. Elle se persuada que c'était un jour où elle était distraite ; elle avait dû répondre oui, sans aucun doute.

Oui, elle en était sûre, elle avait dit oui. Mais brusquement, tout s'accélérait et elle ne suivait plus.

Entrée dans le séjour sur ces entrefaites, Hana avait saisi des bribes de la conversation et, à sa réaction, Yui comprit qu'il s'agissait en fait d'une grande nouvelle : la fillette se précipita dans ses bras, ce qui acheva de l'effrayer, plus encore que le geste de Takeshi, qui feuilleta le calendrier et, au marqueur rouge, traça un cercle autour de la première semaine du mois de mai.

Dès lors, le malaise prit le pas sur la joie ; une crainte indéfinissable l'avait envahie.

Takeshi l'appela tôt un matin, il lui tardait de l'entendre pour qu'ils conviennent de leur soirée. S'ils allaient au cinéma, ils iraient voir un film d'animation ; s'ils dînaient ensemble, ils mangeraient de l'*okonomiyaki*[1] – les mains dans la pâte, Hana adorait préparer ces galettes de riz et de farine.

Le choix du menu n'était qu'un prétexte, car depuis plusieurs jours Yui lui semblait fuyante, et sa façon de se glisser *in extremis* hors de sa portée, de toujours amener la conversation à un *après* (quel qu'en soit le thème) commençait à l'inquiéter.

Deux jours plus tôt, tandis qu'ils allaient à Ginza commander leurs alliances, il lui avait touché l'épaule en montant dans le métro et il avait eu la nette impression que Yui se rétractait. Le soir venu, alléguant un mal de tête, elle s'était dérobée avant l'heure de la lecture du soir pour Hana. Elle avait fait de même le lendemain.

1. Plat composé d'une pâte enrobant un nombre d'ingrédients très variable découpés en petits morceaux, le tout cuit sur une plaque chauffante.

Il se doutait bien que quelque chose n'allait pas, mais de toute évidence Yui ne souhaitait pas en parler.

Il s'expliquait cette soudaine réticence en se disant qu'accomplir les bonnes choses aussi prenait du temps ; que comme toute soustraction, toute addition nécessite un ajustement du corps : le mariage approchait, et avec lui l'empaquetage, le déménagement et le dépaquetage de sa vie d'avant.

Le deuil, lui avait dit une fois Yui, est un drôle de plat qu'on doit manger tous les jours, un fricot fait de petits riens et patiemment ingéré : un jour un quignon de pain, un grain de riz, le lendemain le jaune éclatant du citron. La digestion en était lente.

Il devait en aller de même pour le bonheur, pensait Takeshi.

Quand il appela, Yui était déjà à la radio, dans la régie. La veille, pendant le direct, un sifflement désagréable avait fusé dans son casque, mais il était tard et tout le monde avait préféré rentrer. Ils s'efforçaient maintenant de remédier au problème, branchant et débranchant des jacks, réglant les volumes afin de comprendre d'où provenait ce son pénible.

Penché sur une table tapissée de leviers, d'écrans et de boutons, le technicien semblait approcher de la solution. « Ce câble est usé, il faut le changer. On essaie encore une fois. »

Yui acquiesça et entra dans le studio pour la septième fois, la fatigue commençait à se faire sentir.

« Maintenant, à toi !

— Un deux, un deux.

— Alors ?

— Je n'entends plus rien ! répondit-elle, soulagée. Enfin… je crois que c'est résolu. »

Comme elle retournait dans la régie, son téléphone se remit à vibrer.

« Si tu veux répondre, vas-y, je descends à la comptabilité, dit le technicien en jetant un coup d'œil sur l'écran qui clignotait sur sa console. J'en ai pour un moment. » Sur ces mots, il quitta la pièce, un dossier à la main.

Une fête, modeste, comme Yui l'avait souhaité, se préparait : leurs noms sur l'annonce officielle de la mairie ; des sièges pliants sur lesquels s'imaginer à jamais côte à côte ; un buffet dans un restaurant italien qui louait son établissement pour ce genre d'occasions.

Takeshi devait se demander si elle avait interrogé ses collègues au sujet d'éventuelles allergies alimentaires, si la robe de Hana était prête, si les documents demandés à sa commune de naissance étaient arrivés… si quelque chose la rendait triste, et pourquoi.

Mais toutes les questions qu'il lui posait n'en recelaient jamais qu'une seule, obstinément répétée : « Es-tu prête, Yui ? Es-tu *vraiment* prête ? »

Le téléphone émit une dernière sonnerie, puis se tut, avant de signaler l'arrivée d'un message.

Elle le lut : « Nous t'attendons pour dix-neuf heures. Hana veut encore manger de l'*okonomi-yaki.* Qu'en dis-tu ? À plus tard ! »

Elle le relut : « Yui, es-tu prête ? Es-tu *vraiment* prête pour nous ? »

Depuis trois jours au moins, aux moments les moins opportuns, une image venait la hanter : celle de la jeune fille que deviendrait sans doute Hana.

Ses cheveux, plus épais et plus longs, sont rassemblés en une queue-de-cheval provocante. Elle la voit franchir le seuil de la maison sans s'annoncer, lâchant à grand bruit son gros sac par terre dans l'entrée. Elle la voit dans son uniforme de lycéenne, sa jupe découvrant des jambes qu'elle peine à imaginer moins fines, et pourtant musclées, forcément, car elle joue au tennis ou à la crosse.

« Ta journée s'est bien passée ? » lui demande-t-elle.

Et Hana, rogue : « Suis fatiguée, pas envie de dîner. »

Et vlan, la porte de sa chambre claque. Fin de la journée.

Changement de décor.

Elles sont toutes les deux dans la cuisine ; sans parvenir à s'imaginer, Yui se sait vieillie ; quand elle lui annonce le menu du dîner (ou peut-être le programme du week-end ?), Hana arbore une grimace de mépris et lui jette à la figure des mots humiliants, lui rappelant qu'après tout elle ne fait pas vraiment partie de la famille. A-t-elle commis une maladresse ? L'a-t-elle critiquée ? Lui a-t-elle refusé quelque chose ? Quelque chose qui lui tenait à cœur ?

Elle ne mérite probablement pas toute cette colère, mais c'est une question de rôles. C'est presque toujours le cas.

Nouveau changement de décor, le rideau s'ouvre.

Elles sont maintenant dans une autre pièce qui n'est ni l'entrée ni la cuisine. Yui s'entend entonner la litanie des : fais tes devoirs, étudie, vas-y doucement avec les garçons, une fois que tu l'as fait, c'est définitif, crois-moi, tu ne l'oublieras jamais, et cette jupe, Hana, enroulée trop haut à la taille (toutes les jeunes filles le font, Hana le fera aussi), et ce rouge à lèvres trop rouge dont tu te tartines ta bouche, c'est vulgaire, pas de ton âge.

Pour finir, au seuil de sa chambre, la suivant tandis qu'elle s'esquive : « Hana, tu sors ? Avec qui ?

— En quoi ça te regarde, Yui ?
— Je suis ta mère, et…
— Tu n'es pas ma mère et je ne te dois rien. »

La vérité, c'était que : (premièrement) Akiko aurait eu droit au même traitement ; (deuxièmement) jamais Yui ne se serait permis de s'attribuer ce mot, qui la terrifiait presque autant que l'idée qu'il pourrait lui être à nouveau retiré.

Depuis des jours, donc, elle s'imaginait Hana adolescente – en guerre contre eux, contre Takeshi mais surtout contre elle –, des scènes explosives où elle la voyait engagée à fond dans ce conflit total qu'impliquait le passage à l'âge adulte. C'était une crise pénible pour tout le monde, parents et enfants, elle serait *a fortiori* exténuante pour Yui.

Quand elle était tombée enceinte de sa fille, elle s'était d'emblée demandé si elle serait capable de l'affronter à cet âge-là. L'adolescence lui faisait si peur qu'elle en avait parlé à la gynécologue qui l'examinait lors de la douzième semaine de sa grossesse. Celle-ci, qui observait la minuscule créature sur son écran, avait jeté un coup d'œil au visage consterné de Yui et éclaté d'un gros rire.

Le technicien revint à ce moment-là. « Quelle mine sinistre ! Tout va bien, Yui ? »

Pire encore, et si l'inverse était à craindre : et si Hana se montrait trop conciliante et que sa crise d'adolescence restât à l'état de latence, telle une occasion manquée ? Se censurerait-elle parce que Yui n'était pas sa mère ? Tairait-elle ses reproches ? Réprimerait-elle ses pulsions rebelles pourtant fondamentales à cet âge ?

Ce serait terrible et, une fois encore, entièrement sa faute à elle, la pièce rapportée.

« Écoute, faisons un dernier essai, lança-t-elle brusquement au technicien. Ce sifflement d'hier m'a rendue nerveuse. »

La semaine suivante, ces scènes imaginaires la poursuivirent partout : à la caisse, au moment de payer une laitue ou une grappe de raisin ; dans la queue devant les toilettes de la gare ; dans le hall de l'immeuble de la radio où elle entrait d'un pas rapide. La peur d'être incapable d'aimer Hana comme elle l'aurait dû, surtout dans les périodes de crise, l'assaillait à intervalles réguliers.

Voilà, voilà où est le problème, se dit-elle un matin en examinant son visage dans la glace. *Ce n'est pas lié au mariage ou au déménagement : le fond du problème, c'est de devenir la mère de Hana*.

Il lui avait fallu au moins trois mois pour tomber amoureuse de sa fille. Elle l'avait pourtant mise au monde et elle avait eu neuf mois pour s'habituer à cette idée. Qu'allait-il donc se passer avec une enfant qui n'était pas la sienne à l'âge où, inévitablement, elle se retournerait contre elle tel un bélier ?

Tout à son angoisse d'être ou de ne pas être assez aimée, Yui avait négligé un aspect essentiel de la relation.

Aurait-elle la force d'aimer Hana ? Parviendrait-elle à atteindre ce degré d'imprudence ? À la gronder ? À lui dire : « Ça suffit, maintenant » ?

18

Les pensées les plus sombres qui vinrent à l'esprit de Yui durant ces vingt-trois jours

Elle était aimée mais cela ne lui faisait aucun effet. Inutile de s'imaginer qu'elle pouvait sauver les autres. L'amour n'avait pas le pouvoir de remettre un jardin en état, ni une maison en ordre ; finalement, ça n'avait pas grande utilité.

En pensant aux meilleurs souvenirs qu'elle avait de sa fille, elle regretta d'instinct d'avoir été heureuse ; ou de ne pas l'avoir été suffisamment.

19

Le mariage aurait lieu dans moins de deux mois.

Le 11 mars approchait, une fois de plus. La cruauté de ces anniversaires s'estompait toujours davantage ; Yui grattait de l'ongle la croûte de sa plaie pour savoir si elle avait ou non cicatrisé.

En marchant vers l'entrée de la gare Tôkyô-eki, elle regarda le numéro de Takeshi clignoter sur l'écran de son portable.

Ils veulent me parler et moi, je n'ai rien à dire, songeait-elle. *Au fond, on a toujours au moins une chose à dire, mais moi, je n'ai pas envie de partager quoi que ce soit.*

Ces dernières semaines, elle s'était montrée fuyante ; on lui avait confié la direction et la réalisation d'une nouvelle émission, disait-elle. Dès qu'elle aurait terminé, après les premières diffusions, son humeur redeviendrait normale.

Yui bouscula une femme. « Excusez-moi », murmura-t-elle, la distraction la rendait impolie. Elle accéléra sans lever le nez, pour ne pas avoir à la regarder dans les yeux. Quand les portières du train de la ligne Chûô s'ouvrirent, elle s'arrêta dans la file de droite. Le train déversa ses passagers et en engloutit d'autres. Elle monta à bord à son tour.

« Dans quelques minutes, ce train s'arrêtera en gare de Kanda. Prochain arrêt : Kanda. La sortie est à votre droite », récita la voix enregistrée, ton posé, mots pesés ; d'abord en japonais, puis en anglais.

Yui alla s'installer au fond du wagon pour ne pas gêner le passage de la foule.

Tandis que le train serpentait puis, à l'approche de la gare, ralentissait sa course, Yui pensait une fois de plus qu'en épousant Takeshi elle deviendrait la mère de Hana.

Personne d'autre n'aura droit à ce nom. Es-tu sûre de le mériter ?

Yui était morose, vaguement encline à la tristesse, comme si on l'avait conçue bancale et que chanceler était dans sa nature.

Une enfant aussi sensible que Hana avait-elle besoin de cela ? Yui ne risquait-elle pas de lui transmettre sa sourde mélancolie ?

Sur l'écran de son téléphone s'afficha un ourson avec une bouche en D renversé. Entre ses pattes il tenait un plateau où elle lut : « Tu viens dîner chez nous ? »

Hana adorait les stickers de Line, en particulier la série des ours. Elle devait avoir choisi celui-là. Quand elle serait grande, disait-elle, elle serait créatrice de stickers ; un tel métier existait-il ?

« Dans quelques minutes, ce train s'arrêtera en gare d'Ochanomizu. Prochain arrêt : Ochanomizu. La sortie est à votre droite. »

Ils ne méritaient pas sa désertion. Quand elle descendit du train, Yui était décidée à régler ce problème au plus vite.

Elle prit deux semaines de congé ; Takeshi n'y trouva rien à redire.

Hana la réclama, ignorant que Yui traversait une période de crise profonde et que la raison de cette crise, c'était elle ; elle, ou du moins une version d'elle-même qui n'existait pas encore et qui, de surcroît, n'existerait peut-être jamais.

Officiellement, Yui devait aller chercher un extrait de naissance. En réalité, ce document lui était arrivé par la poste depuis des jours, et reposait dans un dossier sur la table de la cuisine, au milieu d'un tas de paperasses.

Quand elle ne savait pas quoi faire, Yui avait coutume de ne rien faire du tout. Mais cette fois-ci, elle en avait conscience, le temps était précieux et surtout, à l'instar d'une formule chimique mal dosée, il pouvait tout gâcher irrémédiablement. Alors elle n'hésita pas.

Avant de changer d'idée, elle prit son téléphone et l'appela.

« Monsieur Suzuki, puis-je venir vous voir ? demanda-t-elle après un bref échange de politesses.

— Tu es toujours la bienvenue, Yui, répondit le gardien de Bell Gardia qui au son de sa voix devinait que quelque chose n'allait pas.

— Un jour, peut-être deux…

— Tu peux rester aussi longtemps que tu le souhaites. »

Yui ne partit pas en voiture mais en train. Elle préférait avoir les mains libres et, pourquoi pas, en profiter pour dormir un peu.

Avant de monter dans le Shinkansen[1], en passant au magasin acheter des *onigiri* et du chocolat, elle vit

1. Train à grande vitesse.

une femme qui faisait des photocopies. Elle se rappela l'enthousiasme de sa fille pour la photocopieuse du Lawson ou du Family Mart : la fillette avait découvert les petits jeux d'observation qui s'affichaient sur l'écran de la machine pour tromper l'attente des clients pendant l'impression. Deux images presque identiques à cinq différences près.

Par exemple, deux lapins en chemisette, un panier de carottes à la patte :

manches à rayures blanches et bleues *au lieu* de manches à rayures blanches et vertes ;

un nœud rouge du côté droit du panier *au lieu* d'un nœud identique, mais du côté gauche ;

un ciel serein *au lieu* d'un ciel nuageux ;

quatre carottes *au lieu* de cinq ;

trois boutons sur la chemisette de l'un *au lieu* de quatre sur celle de l'autre.

En route vers Bell Gardia, de la bossa nova dans son casque et, sur les genoux, un journal qu'elle ne feuilleta même pas, Yui chercha à distinguer cinq différences entre Hana et sa fille.

Après avoir lutté des mois durant pour s'empêcher de faire ce genre de comparaison, elle s'autorisa à y réfléchir sans crainte, peut-être justement grâce aux failles qui s'étaient ouvertes en elle depuis plusieurs semaines. Oui, les deux fillettes étaient à la fois différentes et semblables ; et l'amour permettait de discerner et d'apprécier chez chacune les traits qui lui étaient propres.

Le fait est qu'identifier non pas cinq, mais des dizaines de différences entre Hana et sa fille, loin de troubler Yui, la rassura.

Yui ne dit à personne où elle allait et on eut la délicatesse de ne pas lui poser de questions. On expliqua à Hana qu'elle était retournée dans sa ville natale pour y chercher des papiers importants, et que là-bas le téléphone portable ne captait pas ; devant la mine anxieuse de son père, la petite voulut bien accepter cette version.

Quand Yui rentra à Tôkyô, après trois jours de silence et d'isolement complet, elle avait l'air d'aller mieux.

Elle ne parla jamais de ces trois jours, pas même à Takeshi, même après leur mariage.

La vérité était toute simple : M. Suzuki avait mis une chambre au premier étage à sa disposition et, comme une fille adulte de retour chez ses parents, elle s'était laissé dorloter. Elle avait dormi sans programmer son réveil, mangé exclusivement des mets exquis, discuté davantage de l'avenir qui l'attendait que du passé qui l'avait menée jusque-là.

En échange, elle effectua de menues tâches : tenir l'échelle pendant que la voisine cueillait ses pommes ; nettoyer la gouttière du toit ; repeindre la cabine du Téléphone du Vent ; éplucher carottes et pommes de terre et touiller des sauces ; recoudre l'ourlet d'un tablier et ravauder un accroc sur un pantalon de travail.

Elle ne dit rien à M. Suzuki ni à sa femme de la terreur qui l'assaillait à l'idée de devenir la mère de Hana. Mais elle leur décrivit la fillette en détail, racontant comme elle grandissait vite depuis son entrée à l'école, les deux amies inséparables qu'elle s'était déjà faites, les nombreux talents qu'elle avait et qu'il conviendrait de stimuler à leur juste mesure.

Le jour de son départ, elle avait demandé une heure pour elle. Il pleuvait. Elle avait laissé ses sacs dans l'entrée et était entrée dans la cabine.

Elle avait soulevé le combiné du Téléphone du Vent.

Et, pour la première fois, elle avait parlé.

20

Le jeu des cinq différences appliqué à Hana et à la fille de Yui

Différence n° 1 : les ongles

Hana se rongeait les ongles : après une journée d'école, il n'en restait plus grand-chose. Sa fille, en revanche, voulait qu'on les lui laque : si petite et déjà exigeante, elle réclamait du vernis bleu ou mauve au bout de chacun de ses minuscules doigts.

Différence n° 2 : l'appétit

Hana ne mangeait rien. Elle était aussi maigre que Yui, qui l'était à l'excès depuis toujours. C'est l'âge, disait Takeshi, ce n'est pas sa nature. La mère de Hana était bien en chair et heureuse de l'être, elle choisissait souvent ses vêtements un peu trop grands, envisageant sans déplaisir de prendre une taille supplémentaire. Hana tiendrait peut-être d'elle. Il faudrait attendre qu'elle ait achevé sa croissance, dans une dizaine d'années, pour le savoir.

Sa fille avait pour sa part un appétit d'ogre. Elle était toute menue, mais c'était de constitution. « J'ai faim, se plaignait-elle sans cesse, j'ai teeellement faim. » Et depuis qu'elle savait marcher (douze mois ? treize, peut-être ?), sitôt son petit déjeuner ou son dîner achevé, elle trottinait jusqu'au frigo, en ouvrait la porte de sa menotte et exigeait d'un ton impérieux : « Biscuit ! Yaourt ! Carotte ! »

Différence n° 3 : la voix et le chant

Hana ne chantait pas, cependant la musique semblait la mettre en état de grâce. *Si elle chante un jour*, se disait Yui, *elle chantera juste*.

Sa fille était un faisceau de dissonances. Mais quelques mots lui suffisaient pour inventer des textes et bâtir des phrases insensées, et elle semblait convaincue d'avoir un talent formidable. « Maman, écoute ! » ordonnait-elle, et elle balançait une avalanche de sons et de mots mêlés. Et elle riait.

Différence n° 4 : cataloguer et jouer

Sa fille assemblait les objets par couleurs. Cahiers, livres et poupées se retrouvaient naturellement rangés au même endroit parce que blancs, violets ou bleus.

Hana ne s'intéressait aux objets qu'à condition d'en avoir l'utilité, sans quoi elle les laissait là où on les avait posés. En apparence, elle ne cataloguait rien ; en secret, peut-être.

Différence n° 5 : la gestuelle

Sa fille était un vrai garçon manqué.

Hana était de loin l'enfant la plus féminine que Yui avait jamais rencontrée.

21

Souvent, Yui et Takeshi s'interrogeaient sur l'*après*, sur la façon dont les histoires de chacun évoluaient. Ils en parlaient longuement, de ce ton assourdi, en mode mineur, qui précède le sommeil, avant qu'une main n'éteigne la lumière sur la table de chevet. Ils se remémoraient les visages jeunes et vieux, les petites tresses, les vêtements d'été, les épais manteaux et une foule d'autres détails de toutes les personnes qu'ils avaient vues saisir le combiné de la cabine de Bell Gardia.

Avec tendresse Yui évoquait les mains des enfants tendues avec avidité vers l'appareil, telles des pousses affamées de lumière.

Ils énuméraient les femmes et les hommes ébranlés par le deuil de leurs conjoints, et ceux qui s'étaient depuis remariés, comme Takeshi ; les amants restés seuls, et les vieillards parcheminés cherchant encore leurs enfants perdus, ou des sœurs et des frères partis avant eux.

Quand l'épilogue leur manquait, Yui et Takeshi imaginaient pour eux des avenirs lumineux, pour s'assurer que d'une manière ou d'une autre la vie leur apporterait quelque consolation. Leur souhaiter le meilleur à tous, voilà tout ce qu'ils pouvaient faire.

Ils prirent toutefois bien soin d'entretenir certains liens. Notamment avec Keita. Depuis que le jeune homme avait déménagé à Tôkyô pour étudier à l'université Tôdai, il venait parfois dîner chez eux et, les rares fois où Yui et Takeshi trouvaient le temps d'aller à Bell Gardia, il était du voyage, profitant de leur compagnie pour ensuite passer la journée avec sa sœur et son père et venir raconter ses exploits à sa mère au Téléphone du Vent.

En revanche personne n'avait plus eu de nouvelles de ce père dévasté par la noyade absurde de son fils, et Takeshi s'en désolait. Le récit poignant de cet homme l'avait marqué : grâce à lui, à sa sincérité, pensait-il, Yui et lui avaient eu ce soir-là, sur la route de Tôkyô, une conversation intense qu'il n'avait jamais oubliée.

Deux ans plus tard, alors qu'elle courait, hors d'haleine, vers un café de Ginza où elle devait mener une interview, Yui reçut un signe de ce père endeuillé. Dans la vitrine de la petite librairie indépendante où tous les mois un unique ouvrage était exposé, Yui lut en lettres d'or sur une couverture : *L'Âge auquel on ne meurt pas.*

Le titre accrocha son regard et, malgré son retard et sa hâte, elle s'arrêta. Quand elle comprit que l'auteur était bien l'homme que Takeshi et elle avaient rencontré des années auparavant à Bell Gardia, elle s'empressa d'acheter le livre.

Le soir même, avec son mari, Yui en feuilleta les pages, en méditant sur les correspondances secrètes, les rappels et les symétries que le monde des vivants entretient avec celui des morts.

« Écoute ça », dit-elle à Takeshi.

La sobre dédicace (*À Keiko, de la part de son papa*) les émut profondément ; plus aucune récrimination, plus de *baka* (« imbécile »). Ce dialogue onirique, se demandèrent-ils, s'était-il poursuivi ?

Quand ils appelèrent M. Suzuki pour l'informer de cette publication, le gardien fut soulagé. L'homme ne venait plus à Bell Gardia depuis un ou deux ans, mais de toute évidence il avait trouvé un moyen de parler à son fils. Au fond, c'était bien ce qu'on pouvait leur souhaiter, à tous : que chacun trouve un endroit à lui où panser sa blessure et réparer sa vie.

22

Adresse de la librairie de Tôkyô où Yui s'arrêta ce jour-là

Morioka Shoten & Co
1-28-15 Ginza, Chûô-ku, Tôkyô
1st floor, Suzuki Building

ÉPILOGUE

Yui animait désormais deux émissions diurnes. Elle avait renoncé à travailler le soir parce qu'elle aimait dîner en famille. Takeshi, Hana et elle se racontaient leur journée ; après leur mariage, sa belle-mère se mit à venir plus souvent.

Les rafales de questions dont celle-ci bombardait sa bru sitôt qu'elle rentrait étaient certes un peu pénibles et Yui, comme Akiko avant elle, trouvait sa logorrhée fatigante, cependant, jamais elle ne le lui fit sentir ; d'une certaine manière, elle lui était presque reconnaissante d'être aussi bavarde car pour sa part elle n'était guère loquace hors du studio d'enregistrement. Elle préférait garder le silence, se tenir à la marge pour mieux contempler cet îlot de chaleur et de beauté au cœur de son foyer : Hana et Takeshi, et elle avec eux, rejouant jour après jour les mêmes scènes, dans le séjour, dans la cuisine ou dans la chambre à coucher.

Quand elle lisait sur ces visages aimés l'abattement ou la fatigue, elle les caressait avec davantage de plaisir. Yui adorait les mines défaites, ce qui suscitait souvent l'incrédulité, et parfois même le mécontentement lorsqu'elle se hasardait à l'exprimer : « Tu as l'air fatigué, mais ça te va bien » pouvait passer pour une pique déguisée. Pourtant, son goût pour les visages las était sincère. Elle se demandait d'ailleurs si ce n'étaient pas les yeux encore bouffis de sommeil de Takeshi, quand ils se retrouvaient à l'aube pour aller à Ôtsuchi, qui l'avaient séduite.

Son deuxième enfant, celui qui grandirait un jour en son sein – chose inimaginable à l'époque où elle avait découvert le jardin de Bell Gardia –, n'apprendrait qu'une fois adulte que sa mère était aussi sensible à la fragilité. Elle avait eu le temps de la contempler toute nue, plus précise qu'une définition du dictionnaire, au cours de ce long mois passé, l'âme en lambeaux, dans un gymnase perché sur la montagne avec vue sur la mer. Pas n'importe quelle mer : cet océan qui avait envahi les terres, avant de se retirer.

Elle avait surtout dû apprivoiser sa propre vulnérabilité, à chaque instant des années interminables qui s'étaient écoulées entre le mois de mars 2011 et sa rencontre avec Takeshi, jusqu'au jour où elle avait enfin soulevé le combiné du Téléphone du Vent pour parler à sa mère et à sa fille.

Elle n'aimait guère évoquer ses zones d'ombre, mais elle avait pourtant fini par les accepter. C'était ainsi qu'elle avait pu prendre à nouveau soin d'elle. C'était ce qui la reliait à la part la plus authentique des gens, la seule qui puisse la rapprocher d'eux, lui faire ressentir de l'empathie pour eux.

Elle le savait, à présent : la vie use ; avec le temps, elle provoque d'innombrables failles et ce sont elles qui façonnent l'histoire de chacun, qui suscitent le désir d'aller chercher plus loin pour voir ce qu'elle recèle.

Un jour, Yui pleurerait, et ce jour-là tiendrait à la fois du baptême et des funérailles.

Elle descendrait à la gare de Yokohama pour aller au musée d'*Anpanman* avec Hana, Takeshi et leur fils d'un an, équipé du minuscule sac à dos du Shinkansen, le train vert émeraude et rose qui dessert le nord-est du Japon. Bientôt, l'enfant voudrait se dégager des bras de son père pour s'élancer vers les escaliers mécaniques qu'il adorait quand ils descendaient autant qu'il les redoutait lorsqu'ils montaient.

À l'instant précis où ils se lèveraient, un train arriverait sur le quai d'en face ; en frappant la banquette d'un coup sec le petit crierait : « Maman ! », et il prononcerait ce mot avec une netteté sidérante.

Ce jour-là, par surprise, ce mot lui serait rendu.

Oui, le fils de Yui et de Takeshi l'appellerait maman pour la toute première fois.

Yui se figerait, sa petite bouteille de thé dans une main, la menotte de Hana dans l'autre.

« Quoi ? Qu'est-ce qu'il vient de dire ? demanderait-elle à son mari, parmi la marée de Chinois s'écoulant autour d'eux.

— Il a dit *maman.* »

Et voilà : la stupéfiante banalité, la plus belle de toutes.

Au beau milieu du chahut de la gare, alors qu'une voix posée égrènerait directions, arrivées, temps d'arrêt et sorties, ils se figeraient tous les quatre, mesurant l'importance du moment.

De son bras libre, l'autre serrant son fils dans une pose acrobatique, Takeshi enlacerait Yui. Par un effet de contagion, Hana, frappée par le pouvoir de ce mot, le prononcerait à son tour, « maman », puis le répéterait, tout excitée, comme une formule magique enchantant les adultes et réjouissant les enfants.

Pendant des années, elle l'avait appelée Yui ou Yui-chan, et voilà que surgissait ce « maman » ; dorénavant, Hana alternerait ces trois mots, sans raison précise.

Ainsi naissait la joie. Elle jaillissait d'un mot restitué qui toujours lui rappellerait l'avant et scellerait l'après. Comme ce vent né juste là, de ces deux trains qui se croisaient dans la gare de Yokohama, l'un arrivant, l'autre filant dans la direction opposée.

Tout revenait, il suffisait de lui donner son nom véritable.

Était-il possible qu'un seul mot accueille tant de sentiments différents en son sein ? Pouvait-on l'utiliser dans un sens sans qu'il charrie l'autre à sa suite ?

Non, sans doute pas ; il n'était pas non plus possible que Hana mange du chocolat sans s'en mettre partout, ou que son petit frère apprenne à marcher sans s'infliger une quantité effrayante de bobos.

Il faudrait fortifier ce mot, faire en sorte qu'on l'appelle ainsi sans cesse, même trente fois par heure.

Yui comprit que la tristesse conserve toujours des traces de la joie ; que nous gardons gravée en nous l'empreinte de ceux qui nous ont appris à aimer, à être tour à tour heureux et malheureux ; de ces personnes rares qui ont su nous montrer comment y voir clair dans nos sentiments, comment repérer nos zones hybrides, celles qui nous rendent vulnérables mais aussi différents – uniques et différents.

Takeshi le lui confirma ce soir-là et au cours des années qui suivirent :

« Plus j'avance et plus j'en suis convaincu, dit-il. Nous sommes tous reliés au jour de notre premier mot. »

Les premiers mots de Yui au Téléphone du Vent

Allô ?
C'est Yui.
Maman, c'est Yui.

Les autres mots de Yui
au Téléphone du Vent

Allô ?
Sachiko ?
C'est maman, je suis là.

LIVRES DE RÉFÉRENCE

David Foenkinos, *La Délicatesse*, Paris, Gallimard, 2009.

Itaru Sasaki, *Kaze no denwa : daishinsai kara 6 nen, kaze no denwa wo tooshite mieru koto*, Tôkyô, Kazama Shobô, 2017.

Itaru Sasaki et Yuriko Yanaga, *Kaze no denwa to gurîfukea : kokoro ni yorisu kea ni tuite*, Tôkyô, Kazama Shobô, 2018.

La Bible, traduction d'Émile Osty et Joseph Trinquet, Paris, Seuil, 1973.

UNE REMARQUE IMPORTANTE

Le Téléphone du Vent n'est pas une destination touristique.

Ne le cherchez pas sur une carte. Ne poussez pas jusqu'au Kujira-yama si vous n'avez pas l'intention de soulever ce lourd combiné pour parler à vos morts.

Ne suspendez pas d'appareil photo autour de votre cou, ne dégainez pas votre téléphone portable, mais préparez votre cœur. Caressez-le tandis que vous remontez le sentier qui mène à la cabine, rassurez-le. Il s'ouvrira.

Il existe sur terre des sites qui doivent perdurer : la forêt amazonienne, Sélinonte en Sicile, l'île de Pâques et ses statues. Le Téléphone du Vent en est un.

J'ai moi-même beaucoup hésité avant d'y aller. Pendant des années, j'ai prétendu que c'était à cause de mon travail, de la distance, de la difficulté de rejoindre cette région blessée par le désastre de 2011, ou encore à cause de mes grossesses, puis de l'allaitement, de mes enfants encore petits. La vérité, c'est que je craignais de dérober quelque chose, de voler du temps et de la disponibilité à quelqu'un qui en aurait plus besoin que moi.

Mais en écrivant ce livre, j'ai compris à quel point il était important de raconter l'espoir, que le devoir de la littérature est de suggérer de nouvelles façons d'être au monde, de relier l'*ici-bas* à l'*au-delà*.

À mes yeux, le Téléphone du Vent est essentiellement cela, une métaphore rappelant qu'il est précieux de s'accrocher aussi bien au bonheur qu'à la peine. Que même face aux pertes que la vie nous impose, nous pouvons nous ouvrir à tous les cadeaux qu'elle nous fait.

Itaru Sasaki prend soin, avec sa femme, du jardin de Bell Gardia. Ceux qui souhaitent aider ce lieu merveilleux à travers la fondation caritative qui encadre le Téléphone du Vent – et qui organise chaque année de nombreuses activités pour soutenir cette région et ses habitants – peuvent consulter sa page officielle : http://bell-gardia.jp/about_en. Tous les détails pour faire des dons y figurent.

REMERCIEMENTS

Ce livre est né grâce au lieu merveilleux qu'est le Téléphone du Vent et à Itaru Sasaki qui l'a conçu et partagé généreusement avec tous ceux qui en ont eu et en ont encore besoin. Le gardien de ce roman s'inspire librement de sa personne, de même que l'atmosphère de Bell Gardia est le fruit d'une perception inévitablement personnelle. Je crois que c'est la spiritualité intrinsèque de cet endroit qui le rend différent aux yeux de chacun de ses visiteurs.

Toutefois, j'ai choisi de garder le nom réel du jardin afin de rendre hommage à l'engagement indéfectible et au grand cœur des époux Sasaki, et dans l'espoir que Bell Gardia se grave dans les mémoires comme l'un des lieux de résilience les plus intenses au monde.

La spiritualité dont Bell Gardia est empreint, sa magie, il les doit à toutes les personnes qui l'ont visité au cours des années. Son aura est le produit d'une immense communauté d'individus et de familles qui ont fait l'expérience d'un deuil. C'est donc également à toutes ces personnes que va ma reconnaissance.

Ce roman doit énormément, dans la forme qu'il a peu à peu prise, à Cristina Banella et à Laura Sammartino, amies chères – merci pour le titre, Laura ! –, ainsi qu'à Maria Cristina Guerra, infatigable et toujours proche, qui y a cru dès le début, et à Francesca Lang, dont la confiance toujours renouvelée ne cesse de m'émouvoir. Un remerciement particulier à Laura Buonocore qui en a compris la trame de fond, et à Pina qui lui a déjà fait tant de câlins. Et merci à toi, Diego, de tout cœur !

Dans l'alphabet de mes affects, ma famille est toujours présente, dans son entier, de ses racines à son faîte. Une pensée particulière à Mario di Giulia ; au souvenir lumineux de Franca ; pour l'amour qui, lorsqu'il est aussi intense, est destiné à durer.

Sans mes adorables beaux-parents, Yôko et Yôsuke Imai, jamais je n'aurais trouvé le temps d'écrire ce roman. Ma dette envers vous est immense.

Merci à Sakura Ikegami, à Ayumi Matsubara et à Fukawa Kyôko pour l'atmosphère d'un lieu partagé et pourtant privé où j'ai pu écrire ce roman pendant un nombre incalculable d'heures. Pour la même raison, un grand merci à Reiko Kawase, Yuki Miura, Momoko Saltô et Terumi Shimamoto ; et surtout à Nanoka Sasakawa pour la précieuse documentation qu'il m'a fournie sur le tsunami qui a frappé sa communauté en 2011.

Il est rare de pouvoir remercier ceux qui ont contribué à faire passer un livre à l'étranger mais *Ce que nous confions au vent* a bénéficié d'une attention extraordinaire des mois avant sa sortie. C'est la raison pour laquelle je souhaite exprimer ma profonde reconnaissance à Luisa Rovetta et à la formidable équipe de Grandi & Associati. Merci à Cristina de Stefano, Viktoria von Schirach, Caterina Zaccaroni, Tomaso

Bianciardi et tant d'autres, qui l'ont pris par la main et l'ont emmené de par le monde.

Au lendemain du désastre du Tôhoku, le monde entier s'est focalisé sur l'accident nucléaire de Fukushima et sur ses conséquences politiques et environnementales. Ce livre s'abstient volontairement d'y faire référence ; il est dédié aux victimes du tsunami du 11 mars 2011.

#lisez! engagé

Pour plus d'information :

www.lisez.com

Imprimé sur du papier issu de forêts gérées durablement.

10/18 – 92 avenue de France, 75013 PARIS

Imprimé en France par
CPI Brodard & Taupin

N° d'impression : 3054344
Suite du premier tirage : septembre 2023
X08249/05